I Poeti della Sala Capizucchi

The Poets of the Sala Capizucchi

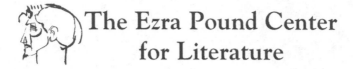
The Ezra Pound Center for Literature

The Ezra Pound Center for Literature Book Series is a project dedicated to publishing a variety of scholarly and literary works relevant to Ezra Pound and Modernism, including new critical monographs on Pound and/or other Modernists, scholarly studies related to Pound and his legacy, edited collections of essays, volumes of original poetry, reissued books of importance to Pound scholarship, translations, and other works.

Series Editor: John Gery, University of New Orleans

Editorial Advisory Board

Ezra Pound Center for Literature Book Series

I Poeti della Sala Capizucchi

The Poets of the Sala Capizucchi

Edited by
Caterina Ricciardi
John Gery
Massimo Bacigalupo

No. 3 in The Ezra Pound Center for Literature Book Series
2011

Printed in the USA
Library of Congress Control Number: 2011929105
ISBN: 978-1-60801-068-4
Copyright © 2011 by UNO Press

This book is a simultaneous publication of UNO Press and Raffaelli
Editore, Rimini.

UⁿOPRESS

University of New Orleans Publishing
Managing Editor: Bill Lavender
Book Layout and Design: Carrie Chappell
www.unopress.org

CONTENTS

I poeti della Sala Capizucchi

The Poets of the Sala Capizucchi

SALA CAPIZUCCHI
SABATO, 19 FEBBRAIO 1927 - ORE 17.30

CONCERTO DELLA VIOLINISTA
❧ ❧ OLGA RUDGE ❧ ❧
con il concorso del compositore
❧ GEORGE ANTHEIL ❧
e del pianista
DANIEL AMFITHEATROW

BIGLIETTO D'INGRESSO L. 25

PROGRAMMA DI OLGA RUDGE

I. - *Sonata la maggiore* .. .. W. A. Mozart.
Allegro molto - Tema con variazioni.
OLGA RUDGE-DANIEL AMFITHEATROW
II. - *Terza Sonata* .. .. George Antheil.
Allegro - Adagio - Prestissimo - Lento - Adagio. (1ª esecuzione in Italia)
OLGA RUDGE E L'AUTORE
III. - *Sonata si bemol* .. .. W. A. Mozart.
Largo - Allegro - Andante - Allegretto.
OLGA RUDGE-DANIEL AMFITHEATROW
IV. - *Prima Sonata* .. .. George Antheil.
(1ª esecuzione in Italia)
a) Allegro - b) Andante - c) Marcia funebre - d) Presto.
GEORGE ANTHEIL-OLGA RUDGE.

SALA CAPIZUCCHI
SABATO, 19 FEBBRAIO 1927 - ORE 17.30

CONCERTO DELLA VIOLINISTA

❧ ❧ **OLGA RUDGE** ❧ ❧

con il concorso del compositore

❧ **GEORGE ANTHEIL** ❧

e del pianista

DANIEL AMFITHEATROW

BIGLIETTO D'INGRESSO L. **25**

PROGRAMMA DI OLGA RUDGE

I. - *Sonata la maggiore* .. .. W. A. Mozart.
Allegro molto - Tema con variazioni.
OLGA RUDGE-DANIEL AMFITHEATROW

II. - *Terza Sonata* .. .. George Antheil.
Allegro - Adagio - Prestissimo - Lento - Adagio. (1ª esecuzione in Italia)
OLGA RUDGE E L'AUTORE

III. - *Sonata si bemol* .. .. W. A. Mozart.
Largo - Allegro - Andante - Allegretto.
OLGA RUDGE-DANIEL AMFITHEATROW

IV. - *Prima Sonata* .. .. George Antheil.
(1ª esecuzione in Italia)
a) Allegro - b) Andante - c) Marcia funebre - d) Presto.
GEORGE ANTHEIL-OLGA RUDGE.

INTRODUCTION

The Sala Capizucchi Poetry Reading: Words Suggestive of Music

> *You wish to communicate an idea and its concomitant*
> *emotions, or an emotion and its concomitant ideas, or a*
> *sensation and its derivative emotions, or an impression that is*
> *emotive, etc., etc., etc. You begin with the yeowl and the bark, and*
> *you develop into the dance and into music, and into music with*
> *words, and finally into words with music, words suggestive of*
> *music, words measured, or words in a rhythm that preserves some*
> *accurate trait of the emotive impression, or of the sheer character*
> *of the fostering or parental emotion.*
> —*Ezra Pound, "The Serious Artist" (1913, Literary Essays 51)*

In recent years, what began with caprice at the biannual meetings of the Ezra Pound International Conference has become something of an institution. In the midst of detailed academic papers and ongoing discussions on almost every conceivable aspect of Ezra Pound's multifarious works, concerns, and achievements, Pound confrères who come from throughout the world—many of whom are themselves poets influenced by Pound in diverse ways, among them Carroll F. Terrell, Allen Ginsberg, and Desmond Egan—have been gathering in the off-hours to read from their own creative writing and paying tribute to Pound and his Modernist legacy. Then when the Pound conference was held at Beijing Foreign Studies University in Beijing in July 1999 under the direction of Zhaoming Qian, this once informal assembly of poets sharing their work took on a new dimension, as it staged poets from some nine or ten different countries and featured a broad range of contemporary Chinese poets, from the formal to the avant-garde. Four years later, the reading in Sun Valley, Idaho, brought to the stage such esteemed poets in the Poundian tradition as Lawrence Ferlinghetti and Robert Creeley (less than two years before his death), and since then the evening poetry readings at Pound conferences have gained in stature from a sideline event to a highlight of the meetings—in 2005, at the Teatro delle Clarisse in the center of Pound's beloved Rapallo, Italy (with readings by Mary de Rachewiltz, Rachel Blau Du Plessis, Kevin Kiely, Robert Rehder, and Stephen Romer); and in 2007, outside the threshold of Olga Rudge's home at 252 Calle Querini in the Dorsoduro sestiere in Venice (with readings by ten poets—de Rachewiltz, Kiely, and Rehder again, as well as Patrizia de Rachewiltz, John Gery, Anna Kareninová, Hoshang Merchant, Biljana Obradovic, Stephen Rodefer, and H.R. Stoneback). So by the time of the Rome Pound meeting in July 2009, those who attended looked forward to the Pound poetry reading as much as to the conference banquet (always a rousing affair!) and the excursions to Santa Maria in Trastevere, the Mithraeum, and Siena, sites of importance from Pound's writing and life.

For the Rome Pound meeting in 2009, conference co-convener, noted Poundian, and translator Caterina Ricciardi, author of *Ezra Pound and Rome: Roma/Amor*, had a brainstorm: Why not have a poetry reading in the Sala Capizucchi, a small theatre on the Piazza di Campitelli in the very center of Rome where Olga Rudge herself had once played an important concert? Located in one direction a mere two blocks from the monumental Piazza Venezia and the Capidoglio and, in the other, two blocks from the Centro Studi Americani in the Palazzo Antici Mattei, where the Poundians would meet, the Sala Capizucchi was once a popular concert hall (complete with a small balcony) that was later converted into a conference hall, now under the aegis of the Università di Roma Tre, Ricciardi's home institution. It is housed in what was once the magnificent Palazzo Capizucchi, originally constructed by Pietro and Marcello Capizucchi in the 1580s above the old Circus Flaminius nearby the Roman Forum. The Palazzo itself was dramatically reconstructed in the 1670s, under the direction of Mattia de Rossi, and that may have been when the Sala (located just to the left of the main portal) was built for musical performances in its present design. But the moment in the Sala Capizucchi's history of particular interest to Poundians and contemporary poets occurred on 19 February 1927, when the violinist Rudge played four compositions at the Sala, two sonatas by Mozart performed with pianist Daniel Amfitheatrow and two contemporary sonatas by the American composer George Antheil (1900-1959), performed with the composer himself at the piano.

Earlier that same year, Rudge had played a concert of Antheil's distinctively "modern," highly percussive or noisy machine-like music in Budapest, in a performance said (by Pound, among others) to have resulted in a riot that led to the arrest of 250 young socialists (Paige 207, Stock 267). And a few days after the Sala Capizucchi concert Rudge and Amfitheatrow performed again, this time in a private concert for Benito Mussolini, as arranged by Rudge through Lilian Gibson, a British journalist she had recently met who was tutoring Mussolini in English at the time (Wilhelm 24-25; Conover 71; Carpenter 457-58). Though not able to be in Rome for these two concerts, Pound nevertheless expressed great enthusiasm in his letters for Rudge's stage successes in Rome and her effective promotion of Antheil's music; he considered her performance for Mussolini a coup de theatre. In Pound's opinion, not only did her encounter with the Italian Premier set the stage for a later concert by the avant-garde Antheil, whom Pound called in the New York Herald "the first...American-born musician...to write music that couldn't have been written before" (Conover 71), but Mussolini's rebuttal to the traditonalist Amfitheatrow, who had openly criticized Antheil's brash music before the Premier, ignited Pound's belief that Mussolini had an instinctive grasp of modern art. Apparently, when Amfitheatrow (whose name Pound lampooned as "Circus Maximus" or "Minimus") complained of Antheil's abuse of the piano as "a percussion instrument," Mussolini cleverly replied, "So it *is*" (Paige 208). Indeed, after playing for Mussolini, Rudge encouraged Pound to think that he, too, should arrange to meet Il Duce, a meeting which would not occur until 30 January 1933, six years later (Ricciardi 19).

When she performed in Rome in 1927, Olga Rudge inhabited a small flat just around the corner from the Sala Capizucchi, and it was her spirit and her musicality that filled the room when the poets in this anthology gathered there on the warm summer evening of 2 July 2009, to read from their work in Italian and English to a packed hall. Those invited to perform included, first and foremost, Pound's and Rudge's daughter, Mary de Rachewiltz, a precise, quiet poet of great candor who, despite the enormous shadow cast by her father, has produced a formidable body of superbly lyrical verse almost without drawing attention to herself at all, and de Rachewiltz's daughter, Patrizia de Rachewiltz, whose work is magically dreamlike in its immediacy and grace. Mary de Rachewiltz, in fact, used the occasion at the Sala Capizucchi to read not from her own poetry but from e.e. cummings. The other poets who followed, as introduced without ceremony in inverse alphabetical order (from both ends toward the middle) by the evening's symposiarch, John Gery, are those whose poems comprise the backbone of this collection: In the Italian: Maria Clelia Cardona, Daniel Maria Mancini (marking the debut public appearance by the poet behind this pseudonym), Plinio Perilli (whose work does not appear here), and Daniele Pieroni; in the English: John Gery, Tony Lopez, Biljana Obradovic, Stephen Romer, and Ron Smith. As a special part of the performance, two young actors, Rossella Pretto and Benjamin L.C. Baker, read particular works paying tribute to Pound by Saturno Montanari, Pier Paolo Pasolini (included here), and Enzo Siciliano.

Despite their mutual ties to Pound—whether by virtue of his eclectic subject matter as precedent, his sounding call for "words suggestive of music," or his profound faith in the sheer power of verse to "move 'em" (even if "a cold thing, like economics," can't)—each poet presented works in a style unlike the others'. Here was no "school" of poets; in fact, most of the poets had not met each other before, nor were they unwilling to swerve from ol' Ez, in poems that, to the contrary, demonstrated their regard for Pound through their expression of their own idiosyncratic voices. As if subscribing to Pound's definition of "civilization" in a chapter in his *Guide to Kulchur* entitled "Tradition," the poets of the Sala Capizucchi show that "the interest is in the blend of perception and of association. It is a pastime neither for clods nor for illiterates" (80).

Later, as the editors of this anthology gathered poems from those who had read at the Sala Capizucchi for this book, then arranged for translators or translated themselves poems in both directions between Italian and English, they conferred on how to make a truly international collection of equal value for both Italian and English readers. Thinking of the background of Pound's poetry and Rudge's music encouraged them to add other poets who had not been in Rome but who are closely associated with the Pound-Rudge aura. And so, poem by poem, this anthology grew into its present state, broadened and deepened with the addition of relevant poems by Luca Cesari, Mario Lunetta, Mario Quattrucci, Edoardo Sanguineti, and CarloVita, in Italian, and poems by Massimo Bacigalupo, Wayne Pounds, and the New Zealander C.K. Stead, in English. Bacigalupo, one of the world's most prominent Pound scholars, also thought to enhance the selection with a page of haikus by Czech poet and translator Petr Mikeš, further extending the variety of poetry here in a demonstration of the reach of Pound's poetics.

Although what a reader will find here will not prove the full range of Pound's descendants on the world stage (since no Chinese, Japanese, French, German, Indian, Spanish, South American, African, Canadian, Arabic or other poets are represented), these poems do offer a glimpse into that vast and expanding arena -- and no doubt similarly inspired collections will follow this one to be even more inclusive, cross-culturally and stylistically. Nevertheless, what the reader should find plenty of evidence for here is the kind of writing Pound labels "melopoeia" in his pivotal essay, "How to Read," completed not long after Rudge's concert at the Sala Capizucchi: "It is a poetry on the borders of music and music is perhaps the bridge between consciousness and the unthinking sentient or even insentient universe" (*Literary Essays*

26). Such "words suggestive of music" abound throughout *The Cantos* themselves, of course, including passages directly linked to Rome, as Ricciardi has demonstrated (32, 39)—whether in the lines Pound quotes from Catullus in Canto 39, "Sic loquitur nupta/ Cantat sic nupta" (*Cantos* 196; "So speaks the bride/ So sings the bride" [Terrell 162]), or in Cantos 90 and 93, where Pound invokes Amphion, the son of Zeus who played the lyre so beautifully his music magically caused stones to erect themselves into the walls of Thebes (Bacigalupo 266), which Pound links to the Roman Temple of Venus: "Amphion!/ And yet for Venus and Roma/ a wraith moved in the air" (*Cantos* 650). Further, it is not only allusively but stylistically that *The Cantos* invoke music; Michael Ingram, for instance, argues that "interpreting The Cantos as a certain kind of singer would interpret a musical score [can unlock] a myriad of mysteries" (237). Nevertheless, while it may have been Rudge's music and Pound's words that inspired Ricciardi to arrange for the poetry reading at the Sala Capizucchi, the poets themselves have returned the favor in this collection with a rich offering of poems that, for all their dissimilarities in tone, focus and aesthetics, suggest the essential music that "preserves some accurate trait of the emotive impression" and thereby binds our consciousness to our fundamental feelings as human beings.

—John Gery

Sources

Bacigalupo, Massimo. *The Forméd Trace: The Later Poetry of Ezra Pound*. New York: Columbia UP, 1980.

Carpenter, Humphrey. *A Serious Character: The Life of Ezra Pound*. Boston: Houghton Mifflin, 1988.

Conover, Anne. *Olga Rudge and Ezra Pound: "What Thou Lovest Well…"*. New Haven: Yale UP, 2001.

Ingham, Michael. "Pound and Music." *The Cambridge Companion to Ezra Pound*. Ed. Ira B. Nadel. Cambridge: Cambridge UP, 1999.

Paige, D.D., ed. *Selected Letters of Ezra Pound, 1907-1941*. New York: New Directions, 1971.

Pound, Ezra. *The Cantos of Ezra Pound*. New York: New Directions, 1995.

----. *Guide to Kulchur*. New York: New Directions, 1938, 1968.

----. *Literary Essays of Ezra Pound*. Ed. with an Introduction by T.S. Eliot. New York: New Directions, 1935, 1971.

Ricciardi, Caterina. *Ezra Pound and Roma: A Roman Album*. Rome: Addenda, 2009.

Stock, Noel. *The Life of Ezra Pound*. San Francisco: North Point P, 1982.

Terrell, Carroll F. *A Companion to* The Cantos of Ezra Pound. Berkeley: U of California P, 1980.

Wilhelm, James J. *Ezra Pound: The Tragic Years, 1927-1972*. University Park, PA: Pennsylvania State UP, 1994.

INTRODUZIONE

La lettura poetica a Sala Capizucchi: parole che suggeriscono la musica

Volete comunicare un' idea e le sue emozioni concomitanti, o un'emozione e le idee che l'accompagnano, o una sensazione e le emozioni che ne derivano, o un'impressione che sia emotiva, ecc. ecc. ecc. Cominciate con l'ululato e l'abbaiare, e procedete fino ad arrivare alla danza e alla musica, e alla musica con parole, e poi alle parole con musica, e infine alle parole con un vago presagio di musica, parole che suggeriscono la musica, parole misurate o parole in un ritmo che ritiene qualche caratteristica precisa dell' impressione emotiva, o del carattere deciso dell'emozione generante o genitrice.
—Ezra Pound, "L'artista serio" (1913, *Saggi letterari* 86)

Negli ultimi anni un evento a latere del Convegno Internazionale su Ezra Pound è divenuto pressoché un'istituzione. Fra meticolose relazioni accademiche e discussioni in fieri su ogni concepibile aspetto delle opere, passioni e provocazioni poundiane, i partecipanti a questo incontro dalla cadenza biennale -- fra cui non sono mai mancati poeti variamente suscettibili alla lezione poundiana – hanno cominciato a dedicare una seduta alla lettura dei loro testi creativi, così omaggiando direttamente l'esempio modernista di Pound. Poi nel luglio 1999, quando il Convegno si tenne a Pechino, all'Università di Studi Stranieri, sotto la direzione di Zhaoming Qian, il reading assunse forma più consistente, presentando poeti di una decina di nazionalità e un'ampia rappresentanza di autori cinesi, sia tradizionali che sperimentali. Quattro anni più tardi, a Sun Valley, Idaho, nei pressi della cittadina natale di Pound, a leggere i loro testi furono due dei maggiori esponenti della tradizione poundiana: Lawrence Ferlinghetti e il compianto Robert Creeley. Da allora il reading è divenuto un momento centrale dei convegni. Nel 2005, all'Auditorium delle Clarisse di Rapallo, la cittadina tanto cara a Pound, abbiamo potuto sentire Mary de Rachewiltz, Rachel Blau Du Plessis, Kevin Kiely, Robert Rehder e Stephen Romer. Nel 2007, a Venezia, in Calle Querini, davanti alla casa di Olga Rudge, hanno preso la parola *dieci* poeti: Mary de Rachewiltz, Kiely e Rehder, e con loro Patrizia de Rachewiltz, John Gery, Anna Kareninova, Hoshang Merchant, Biljana Obradovic, Stephen Roderer, e H. R. Stoneback. Sicché quando la Pound Conference tornò a riunirsi nel luglio 2009, a Roma, il reading era ormai atteso almeno quanto la cena conclusiva e le escursioni a Santa Maria in Trastevere, al Mitreo e a Siena, tutti luoghi significativi per la vita e l'opera di Pound.

Per il Convegno romano, Caterina Ricciardi, nota studiosa poundiana, autrice di *Ezra Pound and Roma* e magna pars del Comitato organizzatore, ebbe la felice idea di collocare il reading nella Sala Capizucchi, un teatrino dove ebbe luogo un concerto di Olga Rudge, oggi sala di conferenze dell'Università di Roma Tre. Collocata in Piazza di Campitelli, a pochi isolati dal Campidoglio e dal Centro Studi Americani in Palazzo Antici Mattei, sede del Convegno, la Sala Capizucchi è uno spazio per concerti (completo di palchetto) in quello che era il magnifico palazzo omonimo eretto intorno al 1580 da Pietro e Marcello Capizucchi sopra il Circo Flaminio. Il palazzo fu interamente ristrutturato intorno al 1670, sotto la direzione di Mattia de Rossi, e forse allora la sala a sinistra dell'ingresso principale fu destinata a eventi musicali e assunse la forma attuale. Ma il giorno della storia di Sala Capizucchi più importante per i convegnisti fu il 19 febbraio 1927, quando Olga Rudge, violinista di talento oltre che musa e compagna di Pound, vi eseguì due sonate di Mozart con il pianista Daniel Amfitheatrow e due sonate dell'americano George Antheil (1900-1959), con quest'ultimo al pianoforte.

In precedenza, sempre nel 1927, Olga aveva eseguito a Budapest la musica d'avanguardia di Antheil, percussiva e rumorosa, in un concerto che a dire di Pound e altri produsse tafferugli, con l'arresto di 250 giovani socialistsi (*SL* 207, Stock 267). Inoltre, qualche giorno dopo il concerto di Sala Capizucchi, la Rudge e Amfitheatrow si esibirono in un'audizione privata per Mussolini, organizzato da Olga per mezzo di Lilian Gibson, giornalista e insegnante di inglese del Duce (Wilhelm 24-25; Conover 71; Carpenter 457-58). Per quanto assente in queste occasioni, Pound espresse nelle sue lettere entusiasmo per i successi romani di Olga e la sua efficace promozione della musica di Antheil; considerava l'audizione per Mussolini un bel colpo. A suo parere, l'incontro di Olga col capo di stato italiano avrebbe aperto la strada a un concerto dell'avanguardista Antheil, che era secondo Pound (come dichiarò sul *New York Herald*) "il primo musicista nato in America... che abbia scritto musica che non si sarebbe potuta scrivere prima" (Conover 71).

Inoltre sembra che Mussolini abbia preso le difese di Antheil quando Amfitheatrow ne criticò la "rozzezza", il che bastò a convincere Pound che il Duce avesse un'istintiva comprensione dell'arte moderna. Quando Amfitheatrow (che Pound chiamava "Circus Maximus" o

"Minimus") lamentò che Antheil abusava del pianoforte trattandolo alla stregua di uno "strumento a percussione", Mussolini replicò prontamente: "Infatti è così" (*SL* 208; Stock 266). Dopo questo presunto successo, Olga incoraggiò Pound a incontrare Mussolini di persona, il che avvenne solo sei anni dopo, il 30 gennaio 1933 (Ricciardi 19).

Quando diede i suoi concerti romani del 1927, Olga Rudge abitava un piccolo appartamento accanto a Sala Capizucchi. Il suo spirito vigoroso e la sua musica erano ben presenti nella Sala quando i poeti della nostra antologia vi si sono dati appuntamento in una calda serata estiva, il 2 luglio 2009, per leggere testi italiani e inglesi a un pubblico numeroso. Fra i partecipanti spiccava Mary de Rachewiltz, figlia di Pound e Olga, poetessa precisa e sobria di grande onestà che non si è lasciata intimidire dall'influsso paterno e ha prodotto con estrema discrezione un corpus assai notevole di intensa liricità. Ma anziché leggere i suoi versi, Mary ha dato come fa spesso un esempio di umiltà, proponendo testi e traduzioni di un grande amico del padre, e.e. cummings. Con lei ha letto la figlia Patrizia de Rachewiltz, le cui composizioni esprimono con grazia e immediatezza un mondo magico e sognante. Gli altri poeti, introdotti senza formalità in ordine alfabetico centripeto (dai due estremi verso il centro) dal moderatore della serata, John Gery, costituiscono il nucleo principale della presente antologia. In italiano: Maria Clelia Cardona, Daniel Maria Mancini (in cui il pubblico ha riconosciuto con sorpresa un noto studioso italiano di Pound), Plinio Perilli (non presente in queste pagine), e Daniele Pieroni; in inglese: John Gery, Tony Lopez, Biljana Obradovic, Stephen Romer e Ron Smith. Due giovani attori, Rossella Pretto e Benjamin L.C. Baker, hanno letto omaggi poetici a Pound di Saturno Montanari, Pier Paolo Pasolini ed Enzo Siciliano.

Tutti questi poeti avevano in comune il riferimento a Pound, chi al suo eclettismo stilistico, chi alla sua autorevole insistenza su "parole che suggeriscono la musica", chi alla sua profonda fede nella capacità innata della poesia di "commuovere" (anche se "una cosa fredda come l'economia" non lo fa). Ciò nonostante, ognuno di questi autori ha voce e stile personale. Essi non costituiscono una "scuola"; anzi molti non si erano incontratri prima. Ed è chiaro che essi non esitano a seguire piste proprie, rendendo omaggio a Pound proprio nel riprenderne la lezione di indipendenza e innovazione. Per i poeti della Sala Capizucchi vale la definizione di "civiltà" data da Pound nel capitolo "Tradizione" di *Guide to Kulchur*: "L'interesse [della cerimonia di 'ascoltare l'incenso'] sta in una commistione di percezione e associazione. Non è un passatempo per zotici e incolti" (80).

Quando i curatori del presente volume hanno raccolto le poesie da includere e si sono adoperati per tradurle e farle tradurre dall'italiano all'inglese e viceversa, hanno pensato di farne un libro davvero *internazionale* di eguale interesse per i lettori nelle due lingue. Pertanto hanno incluso diversi testi di poeti non presenti al reading romano che tuttavia a loro parere gettano luce sullo spirito e l'influsso della poesia di Ezra Pound e della musica di Olga Rudge. Così è nata questa antologia, che accoglie ulteriori significativi contributi in italiano di Luca Cesari, Mario Lunetta, Mario Quattrucci , Edoardo Sanguineti e Carlo Vita, e in inglese di Massimo Bacigalupo, Wayne Pounds e il neozelandese C.K. Stead. Inoltre Bacigalupo, buon conoscitore del mondo poundiano, ha suggerito di ospitare alcuni haiku del poeta e traduttore ceco Petr Mikeš, per fornire un esempio della ricezione di Pound anche oltre i confini linguistici e culturali stabiliti per questo volume.

Le pagine che seguono non possono dare la misura della pervasività della lezione poetica poundiana a livello mondiale, vi mancano infatti poeti cinesi, giapponesi, francesi, tedeschi, indiani, spagnoli, sudamericanoi, africani, canadesi e altri. Tuttavia i testi che seguono offrono una prospettiva su un campo più vasto, e sicuramente non mancheranno in futuro altre raccolte di questo genere, più inclusive a livello sia internazionale che stilistico. Il lettore comunque troverà qui molti esempi di "melopea", come Pound la definì nel fondamentale saggio *Come bisogna leggere*: "E' poesia che rasenta i confini della musica e la musica è forse il ponte fra la coscienza e la sensibilità o insensibilità inconscia dell'universo " (*Saggi letterari* 54).

Le "parole che suggeriscono la musica" abbondano lungo tutti i *Cantos*, e fra queste ve ne sono di direttamente legate al mondo latino, come dimostra Ricciardi (32, 39) – ad esempio nei versi che Pound cita da Catullo nel Canto 39, "Sic loquitur nupta/ Cantat sic nupta" (*Cantos* 196; "Così parla la sposa / così canta la sposa" [Terrell 162]), o nei Canti 90 e 93, dove Pound invoca Anfione, figlio di Zeus che con le magiche note della sua lira eresse le mura di Tebe (Bacigalupo 311) – mito che Pound avvicina al Tempio di Venere a Roma: "Anfione!/ Ma per Venere e Roma/ uno spirito mosse nell'aria" (*Cantos* 1209).

I *Cantos* invocano la musica non solo a livello tematico ma anche nella struttura e nello stile. Michael Ingram, per esempio, sostiene che "interpretare i *Cantos* come un cantante interpreterebbe uno spartito musicale può svelare una miriade di misteri" (237).

Va aggiunto che, se la musica di Olga e le parole di Ezra hanno suggerito a Caterina Ricciardi la scelta della Sala Capizucchi per il nostro reading, i poeti stessi di questa raccolta hanno ricambiato l'omaggio con un ricco florilegio di poesie che, per quanto dissimili per tono, argomento e poetica, evocano la musica essenziale "che ritiene qualche caratteristica precisa dell'impressione emotiva" – una musica che così facendo congiunge la nostra coscienza ai nostri sentimenti fondamentali in quanto esseri umani.

—John Gery
(*Traduzione di Massimo Bacigalupo*)

Fonti

Bacigalupo, Massimo. *L'ultimo Pound*. Roma: Edizioni di Storia e Letteratura, 1981.

Carpenter, Humphrey. *A Serious Character: The Life of Ezra Pound*. Boston: Houghton Mifflin, 1988.

Conover, Anne. *Olga Rudge and Ezra Pound: "What Thou Lovest Well..."*. New Haven: Yale UP, 2001.

Ingram, Michael. "Pound and Music." *The Cambridge Companion to Ezra Pound*. Ed. Ira B. Nadel. Cambridge: Cambridge UP, 1999.

Pound, Ezra. *I Cantos*. A cura di Mary de Rachewiltz. Milano: Mondadori, 1985.

----. *Guide to Kulchur*. New York: New Directions, 1938, 1968.

----. *Saggi letterari*. A cura di T.S. Eliot. Traduzione di Nemi D'Agostino. Milano: Garzanti, 1957.

----. *Selected Letters of Ezra Pound, 1907-1941*. Ed. D.D. Paige. New York: New Directions, 1971.

Ricciardi, Caterina. *Ezra Pound and Roma: A Roman Album*. Rome: Addenda, 2009.

Stock, Noel. *The Life of Ezra Pound*. San Francisco: North Point P, 1982.

Terrell, Carroll F. *A Companion to* The Cantos *of Ezra Pound*. Berkeley: U of California P, 1980.

Wilhelm, James J. *Ezra Pound: The Tragic Years, 1927-1972*. University Park, PA: Pennsylvania State UP, 1994.

I.

POESIE IN ITALIANO
POEMS IN ITALIAN

MARIA CLELIA CARDONA

Le fuggevoli cose

(su una foto di Ezra Pound)

Fa' che gli dei parlino di noi serenamente
—Ezra Pound

Sovrasti il Meridiano, poeta, corrucciato
come un gelido vento o una roccia solitaria -
come l'acqua grigia del Lete
dove si scioglie ogni vita -
(solo ciò che abbiamo perduto rimane?)

Penso che non l'età ma un dio più antico
ti ha inciso il viso di rughe e ha oscurato
il tuo sguardo: ogni poeta ha la sua cecità.
Un qualche vento di secoli ti soffia tra i capelli
tutte le voci, tutti i tempi - il dio del canto
inseguiva se stesso?
Resta, ti direi,
fra le fuggevoli cose che ami, accetta
l'allegrezza dei fiori che domani moriranno.

Dafne reclusa nel suo alloro profuma
la notte, disperde bacche verdelucenti
ha dita esili tortili di non prensili foglie
e danza obliqua, sconosciuta agli dei.

MARIA CLELIA CARDONA

The Fleeting Things

(on a photo of Ezra Pound)

> *Let the gods speak softly of us*
> —Ezra Pound

You tower above the Meridian, poet, frowning
like a freezing wind or a solitary rock –
like the grey waters of Lethe
where every life dissolves –
(does only that which we have lost remain?)

I believe that not age but a more ancient god
carved the lines on your face, obscuring
your gaze: every poet has his own blindness.
A random wind of centuries blows through your hair
all voices, all ages – the god of song
pursued himself?
Stay, I wish to say to you,
stay among the fleeting things you love, accept
the gaiety of flowers that tomorrow will die.

Daphne confined in her laurel perfumes
the night, disseminates bright green berries,
has slender, curled fingers of non-prehensile leaves
and dances obliquely, unknown to the gods.

(trs. Ben Baker and John Gery)

Sciame sismico

Solo ciò che ami dura,
il resto è scoria
—Ezra Pound

Gli avvertimenti di sotterra, le inferne minacce—
guardo i campi e penso agli occhi vivi scomparsi
sotto la palpebra della terra—lì dove
il vento del demonio trascina pochi viaggiatori storditi,
le dita strette su un fuscello dorato, una manciata
di sabbia, una melagrana—pegni di ritorno—
o una lira a placare chi non torna e più non regge
il peso dello sguardo. Alcuni ansiosi del non più
del più giù pagano il prezzo del non ritorno—
la moneta fra i denti—addio per le parole.

C'è una muffa di ombre comatose di sotto
mentre il fuoco scavalla ai confini e dalla faglia
si leva uno sciame di api nere.
È vero, nidi di formiche le città umane
sotto i passi sbadati del cammino del mondo.
Che ne sarà E.P. dei tuoi Cantos?
La terra è postuma, tardiva, coltiva la memoria
come un'uva pregiata per le segrete vendemmie.
Che ne sarà delle serpi, dei loro nidi fra gli ulivi?

Penso a ciò che si ama, a come cambia, rovina
e muore, e alla pazienza della vita,
alle parole penso da ritrovare fra le tante macerie—
all'alloro spezzato che disperde le sue bacche
ora che la terra germoglia, ora che è primavera.

Seismic Swarm

> *What thou lovest well remains,*
> *the rest is dross*
> —Ezra Pound

The warnings from underground, the infernal threats—
I look at the fields and think quick eyes gone
under earth's lid—there where
the devil's wind drags a few bewildered travelers,
their fingers clasping a golden weed, a handful
of sand, a pomegranate—pledges of return—
or a lyre to placate such as do not return and can no longer bear
the weight of a glance. Some, worried by the no more
deep down, pay the price of not returning –
a coin caught in the teeth—the farewell for words.

There's a mildew of comatose shades below
while the fire frolics at the edges and from the fault
a swarm of black bees rises.
It is true, anthills are the cities of man
under the careless steps of the world's walk.
What will become, E.P., of your Cantos?
Earth is posthumous, belated, cultivates memory
like precious grapes for secret harvests.
What will become of the snakes, of their nests among the olives?

I think of what we love, how it changes, decays
and dies, and of the patience of life,
I think of words to be recovered among so much ruin—
of the broken laurel that scatters its berries
now that the earth is blossoming, now that it is spring.

(tr. Massimo Bacigalupo)

Le bende

I secoli mescolati come tarocchi in libri
da giocare ogni volta—siamo così?
O infiliamo la carta preferita nella manica
ribelli al caso e alla sua concubina—
la vita estrosa e infedele?

Come dimenticare i versi di Callimaco
trascritti sulle bende avvolgenti
la mummia egizia e di lì—di lì solo—
salvati da sperdimento?

Nessun pensiero per il corpo—dentro—
dentro quel canto quella spenta voce
addormentata?

Bandages

Centuries like tarocs shuffled into books
to be dealt again and again – are we like that?
Or do we slip our favorite card up our sleeve
rebelling against chance and its concubine –
whimsical and truant life?

How can we forget Callimachus's lines
transcribed on the bandages of
the Egyptian mummy, and from there—there only –
salvaged from dispersion?

No concern for the body—within—
within that song, that lifeless, sleeping
voice?

(trs. Caterina Ricciardi and John Gery)

L'ibisco

Il mare ci lecca le mani come un drago
mansueto, sgroppando ci asperge di
saliva. Più su un drappello di fiori rossi
d'ibisco con lunghi nasi luciferini
attenta all'ordine dei regni e dice legge
nel fondo scarlatto dei sensi.

In quest'isola i semi attraversano
il mare il tempo, attecchiscono in noi
come alieni.
Da dove questa musica,
l'amaro piacere del cedro, il caprifoglio
che sfibra il tronco e lo nutre?
Da quali mondi l'ibisco greco che accende
le ore senza luce?

The Hibiscus

The sea licks our hands like a meek
bucking dragon, spraying us with
saliva. Above us a platoon of red hibiscus
with long, luciferous noses
undermines the kingdom's order and speaks
the law of the scarlet depth of the senses.

On this island, the seeds cross
the sea of time, take root in us
like aliens.
Whence is this music,
the bitter pleasure of the cedar, the honeysuckle
that depletes the stem while nourishing it?
From what world does the Greek hibiscus come
inflaming the lightless hours?

(trs. Caterina Ricciardi and John Gery)

Circe

Di te rannicchiato in direzione opposta alla mia
ho seguito con scienza maga i pensieri
gonfi del vento di altre rotte. Non ti ho mai
voluto mutare in domestico lupo—questa
isola nera non ha altri confini che me, è
un'ombra che ti ha ospitato straniero mentre
altrove deflagrava la tempesta del sole.

              È così ogni approdo
d'amore, ci si lascia per un oscuro
viaggio, per un'offerta di sangue alle ombre
e l'esito è ancora navigare, spasimare
per il canto che nessuno può udire,
restare vivi.

I porti sono luoghi di umano stringimento—
mi piace insegnarti la fuga vederti
impoverito di me annodare le reti
per più povere prede.
Perché incolpi gli dei? Se esistono
nulla trattengono per sé—li vedi
in ciò che di me non hai visto.

Circe

As you curled up in the opposite direction
I followed with magian science your thoughts
full of the wind of other voyages. I never
wanted to change you into a pet wolf—this
black island has no borders but me, it is
a shadow which harbored you, a stranger, while
elsewhere the sunstorm flared up.

                Such is every love
landfall, we leave each other to go on a dark
journey, for a bloody offering to the shades,
and the outcome is more sea travel, yearning
for the song nobody can hear
and survive.

Harbors are places for human embracing—
I like to teach you escape to see you
poorer without me, while you knot nets
for poorer preys.
Why blame the gods? If they exist,
they keep nothing for themselves—you see them
in what you didn't see in me.

(trs. Caterina Ricciardi and John Gery)

Per Ezra (Dopo l'esecuzione di *Tenebrae* di Adriano Guarnieri)

He who knoweth the roads
through the sky ...

Se sei sazio di acuti che fluttuano nell'udito nudo,
amare tracce di partenza del soprano che il fiato
libera o ringoia, non lasciarti trafiggere dalle tenebre
per la musica che diventa rimbalzo univoco
e stizzito dei tic di certi vecchi scatenati a sfondare
la prigione un tempo della scala diatonica.
Pensa di quei giorni definiti nel celeste e di quei vessilli
che s'assolvono su qualche eminenza in volo.
Suoni felici, sposati solo al presente vuoto della
futura divinità onnivora. Fai spazio nel tuo udito
quando la falsa nota batte sulla tempia, la soglia
si apre agli spartiti che non usano di canfora ma
volatili sepolti nell'irrintracciabile ceruleo del cielo.
Loro sì che sfondano la prigione, che musicano libretti
al coraggio della scala di una volta, se per caso
un giorno ti fai poroso alle 'vie del cielo' nel
cuore di un giogo dell'Etruria inerme alla foschia
che satura al sole di Vesona. Qui ripara le
ore al tuo udito nel silenzio che dosa Gubbio,
fanno orchestra dal mare antico delle pietre
i gridi che oggi tacciono.

LUCA CESARI

For Ezra (After Listening to Adriano Guarnieri's *Tenebrae*)

> He who knoweth the roads
> through the sky ...

If you've had enough of high notes floating in
to your naked ear,
those bitter tracks of a soprano freeing and swallowing her breath,
don't let music transfix you
with the dark bouncing of univocal ticks some angry old men
tried once to break the diatonic scale with.
Think, rather, of celestial days and those flags
floating in high skies. O happy notes married to
the present absence of an oncoming all-devouring god.
Accept the jarring sounds beating on your temples,
as the door guides you to scores
untainted by the marks of old age
they move like birds in the unmapped blue of the sky.
They break all chains, sing librettos of courage
to the old scale, if one day you'll chance to absorb
the ways to the sky, in the heart of an Etruscan mountain,
Virgin of mist in the sun of Vesona. In Gubbio's silence
the music belongs to the voiceless shouts
of an old sea.

(Tr. Piero Sanavio)

MARIO LUNETTA

But for All That

C'è da ridere solo a pensare al trattamento
da animale al circo di cui ebbe a godere
il poeta dei Cantos che già si sentiva premere addosso
il gelo della vecchiaia mescolato ad altre varietà
di gelo - da parte di politici, giudici senza giudizio,
funzionari, sbirri, intellettuali strabici, patrioti e giannizzeri
magari anche capaci di peggio, a fornirgliene
il destro.

C'è da ridere solo che si pensi a come generosamente
lui, il miglior fabbro, si sia sprecato per tanti
dei suoi colleghi, a come con splendida ingenuità
abbia dilapidato la sua vita incappando in un Equivoco
grosso come cento Moby Dick incollati testa-coda,
anche se uno spirito sterile come F.R. Leavis
afferma senza batter ciglio che "egli è, nel senso più serio
della parola, un esteta".

Tutti sanno che una bella porzione del gran poema
di Eliot fu cassato da lui con intransigenza fraterna,
ma forse assai meno sono al corrente del fatto
che quando negli anni di Zurigo Jimmy Joyce
dovette subire un intervento agli occhi per trattenere
l'ultima favilla di vita che ci brillava dentro,
quella canaglia di Pound, non ancora reo di alto tradimento
nei confronti del suo paese, per pagare le spese ospedaliere
vendette i suoi cimeli più amati: gli autografi
di re Ferdinando e della regina Isabella datati 1492.

Non so, davvero non so se sia possibile immaginare
per chi è stato il maggior navigatore dei linguaggi
della modernità un'allegoria più fulminante. E certo
l'involontario risarcimento, coincidenza, caso, sfasatura
di quando lui nel 1958 tornò in Europa a bordo
della Cristoforo Colombo, ha l'aria di una tragedia
che si volta in farsa e viceversa, con una continuità
da brividi.

12 genn. 2010

MARIO LUNETTA

But For All That

It's always with a bitter laugh that I think of the way
they treated him, Old E. P., the frost of age and other frosts
creeping already on his back—
politicos, judges with no judgment, civil servants, cross-eyed
intellectuals, gumshoes, patriots and henchmen.
A sort of circus fauve to them and it could have been
worse if they 'd had their ways.

It's always with a bitter laugh that I think of
Il miglior fabbro spending his time to generously help
so many fellow poets; and wonder at his squandering his life
with such a splendid naiveté on an Equivocation
as huge as one-hundred White Whales lined up
the one after the other, tied head-to-tail.
"He is an aesthete in the most serious sense of the word"
sentenced F. R. Leavis, that barren soul: without flinching.

It's well known that chunks of Eliot's Land
were chopped off by him, with a sternness
unimpaired by their brotherly affection. It's less known, perhaps,
that in Zurich when Jimmy Joyce had to face an operation
to keep a last spark of life in his eyes, E. P., that s.o.b.
still to be charged with high treason, in order to foot the bill
sold King Ferdinand's and Queen Isabella's autographs (a.d.1492),
his most cherished possessions.

I don't know, I really don't, if it would be possible to invent
a more breath-taking allegory than this, for him who was
the top seafarer through the languages of the age. Surely,
the unintented reward (or was it mere coincidence?)
of his return to Europe in 1958 aboard
the *Cristoforo Colombo* has the look of a tragedy
turned to farce, or perhaps, exactly the opposite,
a chilling continuum.

12 Jan. 2010

(Tr. Piero Sanavio)

ChantSong pour Mont Ségur

I

>   cette mauvaiseh venggg *blew over Tolosa*
>   *and in Mt Segur there is wind space and rain space*
>   *no more an altar to Mithras*
>   —Canto 76

   Arca pentagonale oblunga
e sbieca in cima al suo Ararat,
l'ultima roccaforte
MONT SÉGUR
galleggia sulle alture dell'Ariège,
affonda tra le nubi basse,
fa rotta nel Mistero.

   E raffiche di vento
dalle vallate intorno, a forza
dentro le strombature delle mura,
nei resti del torrione di Nord-Ovest.
Ma, nella torretta circolare
e tronca là non giunge,
là dove arde ancora un cero
-- acceso da che mano?--
entro la nicchia tra le pietre
cellula arca tabernacolo
"sancta sanctorum", Luce
contro Tenebra, e la vince,
resiste al soffio, e non si estingue.
Fiamma pietrificata come quella
che brilla nelle cave di Ornolhac,
di Ussat Les Bains, dove rischiara
la schiera dei "perfecti" degli eletti
mutati in alabastro scintillante:
statue di santi eretici
chini e muti, i soli
sapienti del segreto...

DANIEL MARIA MANCINI

ChantSong pour Mont Ségur

I

> cette mauvaiseh venggg *blew over Tolosa*
> *and in Mt Segur there is wind space and rain space*
> *no more an altar to Mithras*
> —Canto 76

Pentagonal ark, oblong
and slanting on the top of its Ararat,
the last stronghold
MONT SÉGUR
floats on the hills of Ariège,
sinks into the low grey clouds,
sails into Mystery.

And gusts of wind
up from the surrounding valleys, rushing
into the embrasures of the walls,
into the remains of the North-West donjon.
But in the circular truncated
turret no wind comes,
where a taper still glows
(lit by what hand?)
in a niche between stones
cellula ark tabernacle
"Sancta Sanctorum", Light
against Darkness, defeats it,
withstands the gust, does not go out.
Petrified flame like that which
Shines in the quarries of Ornolhac,
of Ussat Les Bains, where it lightens
the cohort of "Perfecti", the elect,
changed into sparkling alabaster:
statues of heretical saints
bent and dumb, the only ones
wise in the secret ...

II

Whither go all the vair and the cisclatons
and the wave pattern runs in the stone
on the high parapet (Excideuil)
Mt Segur and the city of Dioce
Que tous les mois avons nouvelle lune
—Canto 80

Consolaci consolaci Esclarmonde,
"*clara et munda*"
chiara e pura, luce pura
degli occhi tuoi di zaffiro e genziana
-- quattro ne ho colti
di quei calici di cobalto
per suggerne l'aroma lieve,
impercettibile, cercandovi
lo smalto delle tue iridi:
il lapislazzulo spruzzato
di pagliuzze d'oro.
        Che poi,
nella *boulangerie* giù nel villaggio
sono tornati a balenare negli sguardi
della grassoccia bottegaia:
nulla di speciale, proprio nulla,
se non per quei suoi occhi
bluoltremare, da perdercisi
dentro, da affondarvi
. . .

        Illuminaci illuminaci Esclarmonde,
"*éclaire le monde*"
rischiara il mondo il buio
intorno a noi con l'oro
del tuo emblema—la piccola
colomba ad ali tese—e folgora
la tenebra che opprime,
il male che ci stringe,
l'inganno, la morte che già appare
. . .

II

Whither go all the vair and the cisclatons
and the wave pattern runs in the stone
on the high parapet (Excideuil)
Mt Segur and the city of Dioce
Que tous les mois avons nouvelle lune
                    —Canto 80

     Give us your consolation,
your consolation, Esclarmonde!
"*clara et munda*"
clear and pure—pure light
of your sapphire-and-gentian eyes:
I picked four such cobalt chalices
to sip their faint perfume,
imperceptible, searching
in them the lustre of your irises:
lapis-lazuli, sprinkled with golden specks.
     That later,
in the *boulangerie* in the village,
returned as a flash in the look
of the plump shopwoman:
nothing special, nothing at all,
but for those eyes of hers
blue *outremer*, such as you
could get lost in, drown in . . .
. . .
     Enlighten us, enlighten us
Esclarmonde,
"*éclaire le monde*"
illuminate the world, the dark
encircling us, with the gold
of your emblem—the little dove
with outstretched wings—and dazzle with lightning
the gloom that oppresses us,
the besieging evil,
the lies,
Death already looming . . .

IV

Not gold as in Ecbatan
O Anubis, guard this portal
as the cellula, Mont Ségur.
Sanctus
that no blood sully this altar
—Canto 92

A guardiano del luogo, a custode
del mistero, resta solo
un pulcino di gufo (o allocco
o barbagianni, chi può dirlo?)
infreddolito, in una nicchia
tra le pietre del muro volto ad Est,
che sgrana stupito le pupille
ancora nere, circondate
dai disegni concentrici a ventaglio
digradanti in sfumature grigio-
cenere, del soffice piumino
della maschera.
. . .

E nessun drago a difendere il Tesoro
(ma che Tesoro poi ? Non v'è
in tutta Francia né Britannia
un solo libro che dica cosa sia,
dove si trovi): solo il guizzo
di smeraldo e malachite del ramarro,
tra i massi del bastione a Mezzogiorno,
tra il giallo delle primule
e il rosa del silene (un giardino
incantato in miniatura, un alito
di vento a spargerne i profumi
tenerissimi, a piegare le gemme
degli arbusti, le erbe di montagna
e le genziane. . .)

Più giù, sui tegoli incrostati
di licheni del villaggio,
negli orti-giardini tra rose
ed erbespezie, calle ed *aiolì,*
gli spiriti alati gli angeli
i numi del luogo, le nove
colombe di neve che danzano
che tubano e s'involano,

IV

Not gold as in Ecbatan
O Anubis, guard this portal
as the cellula, Mont Ségur.
Sanctus
that no blood sully this altar
—Canto 92

As guardian of this place, as custodian
of the mystery, there is now only
a nestling owl (or brown owl,
or barn-owl--who knows?)
shivering in a niche
among the stones of the Eastern wall,
that opens with amazement its pupils,
still black, encircled
by concentric fanlike patterns
passing through ash-grey
tints to the soft down
of the mask.
. . .

And no dragon to guard the Treasure
-- but which Treasure, after all? There is not
in France, nor in Brittany,
a single book to tell us what it is,
where it is found -- only the malachite-emerald darting
of the green-lizard on the blocks
of the South bulwark, among
yellow primroses and pink silene
(an enchanted miniature garden,
a breath of wind to spread
its tender perfumes, to bend
the mountain herb-blades,
the shrub-buds ...)

Down in the village,
on the lichen-encrusted tiles,
in the orchard-gardens,
among roses and scented herbs,
white callas and *aiolì*,
the wingéd spirits the angels
the deities of the place:
nine snow-white doves dancing,
cooing, taking off, chasing

s'inseguono saettando
tra i muri ed i fienili e poi
si tuffano ed esplodono
meteore acrobatiche sui tetti
sulla piazza del piccolo Museo. . .

I), II) e IV): Mont Ségur, Ariège (France), 27 aprile 2000

each other, darting among stone walls
and wooden barns diving exploding
meteors above the roofs,
the village square, the little
Cathar museum. . .

I), II) e IV): Mont Ségur, Ariège (France), 27 April 2000

(Tr. Stefano Maria Casella)

PIER PAOLO PASOLINI

Versi prima fatici e poi enfatici

POUND: « Come va? » SINIAWSKY: « Non c'è male » POUND:
« Il tempo? » DANIEL: « Buono, buono » SINIAWSKY: « Ha piovuto
molto fino a Pasqua, ma ora si è rimesso al bello »
POUND speriamo che continui così SINIAWSKY cosa ci racconta?
POUND 明 , buon giorno, buona sera, bella serata,
e voi? Eh, noi, che vuol farci, così e così, ehm,
che si dice in America, che volete che si dica (silenzio)
莫 Mah! Però, fa un po' di freschetto,
ci abbiamo fatto l'abitudine, quant'è l'altitudine,
non è questione d'abitudine, è il clima continentale,
la notte fa freddo, come nel Sahara, strano, in Siberia...
Non abbiamo niente da offrirle,
Chi arriva, chi sei? Un'ombra?
Passo di qui per tornare a casa, da mia mamma:
che non mi riconoscerà. Realpolitik!
Ho lasciato le mie ossa sull'Ussuri
e senza aver perso la mia fede!

(10 aprile 1969, Ankara)

PIER PAOLO PASOLINI

Lines Phatic Then Emphatic

POUND: "How are you doing?" SINIAWSKY: "Not bad" POUND:
"And the weather?" DANIEL: "Fine, fine" SINIAWSKY: "It rained
a lot until Easter, but now the weather has turned for the better"
POUND let's hope it stays that way SINIAWSKY so, what's new?
POUND 明, good morning, good afternoon, good evening,
and you? Ah, us, well, what can you do, this and that, hmm,
what do they say in America, what do you expect them to say (silence)
莫 Mah! But, it's starting to get chilly,
we've gotten used to it, what's the altitude here,
it's not a question of habit, it's the continental climate,
the nights are cold, like in the Sahara, strange, in Siberia...
We don't have anything to offer you,
Who's coming, who are you? A shadow?
I'm passing here on my way home, to mother:
she won't recognize me. Realpolitik!
I've left my bones on the Ussuri
and have not lost faith!

(10 April 1969, Ankara)

(Trs. Caterina Ricciardi, John Gery and Massimo Bacigalupo)

DANIELE PIERONI

Ciò che mi resta di Ezra Pound

Che mi resta invero
del tuo copioso lascito ?
Un empito, un azzardo
o la fortuna alterna
quella che ti fa sperare
o maledire i giorni ?
Di certo gioverà
al mio cammino
intendere la lingua dei tuoi canti
e scivolare indenne
tra gli infami e i dissoluti.
In fondo questa è la lezione
far mascalcia della vita
e fabbricare moti acconci
diffidando delle facili lusinghe
ed evitando le brigate allegre.
Sarà inattuale ricordarlo
ma perdiana, sì che va riscritto
come un compito su tutti:
in alto il capo e ragionare.

(maggio 2009)

DANIELE PIERONI

What's Left to Me of Ezra Pound

What truly remains to me
of your rich legacy?
Some impetus, some risk
or the changing fortune
which makes one hope for
and then curse the days?
Sure, it will help me
on my path
to understand the language of your Cantos
and slide unharmed
between the infamous and the dissolute.
The lesson in the end
is to be a farrier of life
and hammer out fitting words
distrusting easy praise
and steering clear of the fast brigade.
Unfashionable to remember
but heavens, it shall be reaffirmed
like a task for all:
up with the head and think.

(May 2009)

(Tr. Jan Owen)

Dalia

Scavai a lungo con le dita nella terra
la fronte madida e le unghie nere
scavai convinto di seminare fiori
volevo guadagnarmi il pane
con lo sbocciare di una dalia:
ripresi fiato, bevvi un sorso di acquavite
se fosse giunto un vagabondo
avrei attaccato briga
battermi, lottare senza vero scopo
fino a stramazzare al suolo
con un forcone addosso
e lambire la stessa terra seminata
promessa ancora lungi da svelarsi.

(29 agosto 2007)

Dahlia

A long time I dug the earth with my bare hands,
forehead dripping sweat and nails black,
dug convinced I was sowing flowers.
I wanted to earn my bread
through the blooming of a dahlia:
I caught my breath, took a sip of brandy.
If a tramp had turned up
I'd have quarrelled
and fought him without motive
till I fell to the ground
with a pitchfork in my back
to lick the sown earth,
that promise still slow to unfold.

(29 August 2007)

(Tr. Jan Owen)

Lantana

Potrei essere quell'isola
che è il fiore di lantana
un ombrellino variopinto
un capriccio di natura
una farfalla che non sdegna
la crisalide da cui proviene,
potrei essere un'inezia
un sassolino nella cava
un incidente del creato
ma diamine, sarei già via
nell'ampia bocca dello spazio
nel mare vasto senza approdi
e un salvataggio senza mani.
Credo d'essere ancora caro
a chi batte il tempo della vita
e concede acqua e terraferma.

(1 agosto 2007)

Lantana

I could be that island
so like a lantana flower,
I could be a parasol of many colors
a caprice of nature,
a butterfly that won't disown
the chrysalis from which it comes;
I could be a toy,
a little pebble in a quarry,
an accident of creation,
but heavens, I'd already be at the heart
of the great mouth of space
in the hollow of a vast shoreless sea,
one salvaged without hands or help!
I believe myself still loved
by the one who beats the rhythm of life,
by the one who gives water and firm ground.

(1 August 2007)

(Tr. Jan Owen)

Mortale Scorta

Della parola non hai fatto spreco
e questo è il primo sacramento

per te fu insegna e dono
in essa il pieno giuramento

hai compiuto rispettosamente
avverso ad ogni maldicenza

perché venire al mondo è innanzitutto
un buon annunzio, una novella

che nutre i cuori, mitiga i rancori,
rende muti i turpi ed i maligni

ravviva i pavidi, gli indifferenti
coloro per cui nessuna cosa resta

e invece val la pena esprimere
il proprio attaccamento all'esistenza

purché sia amore e gratitudine
e non possesso e sfruttamento

è giusto allora seminar sapienza
che è pianta destinata a perdurare.

Siano pure cari i profondi affetti
a costo d'accettarne l'estinzione

umano è piangere i defunti
e salvarne la memoria

ma attenti a non morire nel rimpianto
rincorrere le ombre a riposo

saper scordare fa del bene
come rendere compagne silenziose

le anime che viaggiano
nel tempo vago dell'oblio.

Misero è colui che non consegna
la moneta per Caronte

che cerca invece stabilire

Mortal Escort

The word you have not wasted
and this is the first sacrament

for you it was sign and gift
within it the full oath

you carried out with respect
adverse to any slander

because coming to this world is above all
a good announcement, tidings

that nourish the heart, mitigate grudges,
turn the depraved and the evil voiceless

give life to the cowards, the indifferent
for whom nothing remains

and instead it is worth the trouble to express
one's attachment to existence

provided it is love and gratitude
and not possession and exploitation

then is it right to sow knowledge
a plant destined to survive.

Let the deepest affections be held dear
on condition their extinction is accepted

it is human to cry one's dead
and to preserve their memory

but beware not to die in reminiscing
chasing the shades at rest

to be able to forget may do some good
like rendering silent companions

the souls that meander
in the vague time of oblivion.

Miserable is he who does not present
the coin due Charon

who tries instead to set up

patti di immortalità

sarà così longevo il suo contratto?
potrà specchiarsi sempre uguale?

oppure crepe infrangeranno
il suo destino, l'albagia

e vedrà corrompersi
le sue fattezze inesorabilmente.

Vile è chi sottrae la vita
all'orrizonte della fine

chi getta acqua sul fuoco
chi sputa sulle ceneri:

scendere nel buio degli Inferi
in mistico, dignitoso silenzio

è dazio da cui nessuno è scevro
e non c'è uomo che possa rimanere –

all'anima è concesso un altro viaggio
di cui non può fra noi darsi cronaca

è qui, in questa mesta divisione
che la memoria d'una vita

non impedisce l'estremo addio
ma è come se chinasse il capo

davanti a più alto grado
di autorevole mistero

e in questo pure rimanendo
sua fedele e terrena scorta

il che sta a dire per inciso e a conclusione
che ogni vita è figlia della propria morte.

(2004)

pacts of immortality

will his contract be everlasting?
Will the mirror show him always unchanged?

or crevices will shatter
his destiny, his arrogance

and he will see his features
inexorably being corrupted.

Coward is one who withdraws life
from the final horizon

one who quenches fire with water
spits on the ashes:

to descend into the darkness of Hades
in mystical, dignified silence

is the toll from which no one is free
and there is no man who can remain --

the soul is granted another journey
of which no account to us is given

it is here, in this sad separation
that the memory of a lifetime

while not preventing the last farewell
seems yet to bow its head

before a higher level
of authoritative mystery

and in this still remaining
its faithful and earthbound escort

which is to say incidentally and in conclusion
that each life is child of its own death.

(2004)

(Tr. Francesca R. Gleason)

MARIO QUATTRUCCI

Nel rileggere versi di Pound (e di altri poeti) pensieri affidati a un amico e in forma di rosa

A Piero Sanavio

Non con un *bang* forse, non con uno schianto,
e forse neppure con un gemito o un tedioso lagno:
forse soltanto finirà.
In un *grande caldo* peut-être, o in gelo di Giudecca...
Ma io (noi) intanto, giunti a matura età e all'indietro volgendo
(e anche attorno, anche al mondo - *mio, loro o di nessuno?*) i
penultimi sguardi,
io (noi) a chiederci ancora (e *senza vanità*, te lo assicuro)
da dove e come e perché mai
fummo in questo luogo germinati e se qualcosa
solido e duraturo (o anche soltanto tangibile appena, e per un attimo
fuggente)
lasceremo nella nostra scia:
un segno, una parola, o persino un quadernetto
di sillabe contorte

a chiederci ancora (e in forma di rosa)
come il tempo che ci fu dato abbiamo speso:
se un'opera intraprendemmo degna e di lunga lena, e se alla fine una
casa
(*solida e liscia per istoriarne la facciata*) riuscimmo a edificare...
o magari soltanto un muro di mattoni
e di calce largo quel tanto da potervi graffiare
un verso, un grido, *quel* nome o l'ardire di un *no!*...

se con mani di *fabbri* fummo abili a *fare*
un oggetto dell'uso, una tazza per bere il latte del mattino,
o una cornice di noce in cui incastonare qualche foto sbiadita
(ma indelebile e nostra: brusio della vita per entro la storia)
della madre e del padre, di una piazza con folla, dell'amata, degli avi,
dei poeti più amati, dei compagni di viaggio, di un'epigrafe scritta
a futura memoria...

o magari un triciclo, o un pinocchio di legno da donare a un figlio,

Upon Re-Reading Pound (and Other Poets): Rose-Shaped Thoughts Entrusted to a Friend

For Piero Sanavìo

It will not go with a bang, perhaps not even with a crash
a groan, a tedious wail,
it will just go
in a big heat, peut-être, or a Giudecca-like big freeze.
But I (and all of us), grown old, looking backward
with a penultimate gaze
at the world around us – mine, theirs, nobody's perhaps –
and once more wondering, without vanity, to be sure,
whence how and why
we sprouted here and if anything
hard and everlasting (or just tangible for a fleeting
moment)
we shall leave in our wake:
a sign, a word, even a tiny notebook
of contorted syllables

still wondering with this rose shaped writ
how we've spent the years allotted to us:
if committing ourselves to long range tasks
to building a house of good stone that design might cover its
face
or, even, with mortar and bricks, to raise a wall
wide enough so one could scratch on it
a line, a shout, or that name or a daring no...

wondering
if with blacksmith hands we ever made
an object for our daily use – a cup to drink our morning milk,
a walnut frame to hold the pictures of our parents,
of a crowd in a square, of the girl we loved, of our ancestors,
of the poets we most cherished, and of our friends,
of epigraphs written *a futura memoria*,
faded images but to us ineffaceable
as they recorded our whispers in history

o soltanto un giaciglio sul quale dormire,
o una dolce canzone per una Francesca
che come la sua *uscì dalla notte recandoci fiori*,
o per l'inverno, o per l'aprile, o per l'attesa di un sole...
a chiederci infine se fummo centauri
in mondo di draghi, se il bene seguimmo o il male
ci piegò, se amare (e non uno)
abbiamo saputo...

È incancrenato l'azzurro, come negarlo,
e l'oppressione (è vero) non l'abbiamo piegata;
anche qui (non Eleusi) portarono puttane
e la crapula di carogne ospiti non so dirti se d'usura o ingiuria,
o merce di mercato;
batte moneta ancora l'usuraio, e investono in schiavi
governatori e tycoon in doppio petto o in nome
di bandiere scarlatte;
neve nelle metropoli e totem di *macuba*, e fumo afgano sopra ai
mattatoi
fra il Tigri e il Niger nei *Metrò* e nelle scuole (come a Beslan);
da Nairobi a Soweto tric-trac di castagnette di malaria e acca-i-vu,
si bestemmia *inshallah* con scoppi di creature,
god bless and oil, e banche per le razze, e zattere di Medusa
per negri da Bengasi tra Girgenti e Malta,
e lo scialo e la fame, i muri di confine, le guerre...

hai ragione, lo so: ad essere gentili
non ci siamo riusciti, né a cambiare del mondo
quel che andava cambiato...
ma forse dai figli le nostre debolezze
saranno perdonate
se è vero che non ci hanno trasformato,
in uomini di paglia, né in teste di legno:
se abbiamo bussato alla porta di Blunt (e di Omar e di André)
se abbiamo fatto piuttosto che non fare,
se di amare (e non uno) siamo stati in grado,
e se alcuni di noi come nuovi Piero (e Merisi e Zuan)
di tempere e oli e di nuove materie
hanno intriso tele, istoriato pareti, hanno eretto in piazze
nuove allegorie;
se abbiamo dato l'assalto a tutte le bastiglie, liberato aquiloni,
segnato con un nome il muro di una cella
o scoperto una stella
nel cielo di Orione.

wondering
if we ever made a tricycle or a wooden Pinocchio as gifts
to our son, or a cot to sleep on, or if
to a Francesca who, like his,
came out of the night bearing flowers,
we ever wrote a song for next winter or for the coming April,
waiting for a sun...

wondering at last
if we were centaurs in a dragon world,
if we followed the good, if evil bent us,
if we knew how to love
and not just a single love...

Azure hath a canker
for sure and we didn't win our great battle:
And here too they've brought whores not just to Eleusis
setting up banquets for carrion-glutton guests of...usury?
unless they too are saleable goods.
The usurer's mint is still at work, as politicians, tycoons
in double-breasted suits invest their money in slaves,
occasionally waving a red flag;
a dubious snow, and macuba poles, in the metropolis
between the Tigris and the Niger and in *métros* and schools
(remember Beslan!),
and from Nairobi to Soweto a tic-tac of castanets of malaria and HIV;
they swear *inshallah* blowing people up
god bless and oil, where are banks for all races, where are Medusa
rafts
for negroes drifting from Benghazi to Girgenti and Malta
against a backdrop of waste and hunger, walls and wars...

you're right, I know you are: we failed in kindness
and failed to change
what should have been changed....
Still, I hope time will forgive us
for our weaknesses
if they did not turn us into hollow men
—straw men with wooden heads—
if we knocked at Blunt's door (and Omar's and André's)
if we've done rather than not doing
if we've been capable of loving (not just a single love),
if some of us, like Merisi, Piero, Zuan,
with oils, temperas, new materials,

Né ci mancò il coraggio
di tentare la via, di porci *la* questione, di stare nel frastuono
delle buone lotte, di alzare verso il cielo pugni di volontà
(avvolti in guanti neri o rossi di fatica)
di agitare al vento desideri iridati,
di dire qualche *no*, di gridare un *basta*, di parlare e vivere contro la
Grande Menzogna,
di imparare dai vecchi che cos'è la speranza,
da chi era in catene
cos'è la libertà.

E anche ci avvenne, con te e contro te, in pagine pisane di leggere
delle lacrime e il dolore di un Vecchio,
l'amore di un lascito, una stilla di pietà,
una verità ulteriore
sia pure provvisoria.

E questo è tutto,
mio carissimo amico: questo, sebbene vinti,
è il nostro
retaggio.
Vivrà

have soaked canvasses, decorated walls, have raised in city squares
new allegories;
and we stormed new bastilles, we freed kites,
we marked a cell wall with a name,
in Orion's sky we discovered
a new star.

We didn't fail in courage
and tried the Way, asked ourselves the Question, chose to stay in the
din
of the good battle raising fists of will to the sky,
shouting no, and enough! when it had to be said, and spoke and lived
against
the Big Lie,
our ideals streaming in the wind.
The old people'd taught us hope,
and freedom for those
who were in chains.

It also came to pass
that, with you and against you, in Pisan pages, I read of an Old Man's
sorrows
and tears and pietas
and of a love bequest...a sort of truth
though provisional

And this is all,
my dearest friend. We've lost the battle
but this is our
heritage
It will remain.

(Tr. Piero Sanavio)

Omaggio a Catullo

per Mauberley
neglected by the young

1

alla mia ragazzina piaci, passero,
che lei ci giuoca, e a te ti stringe al seno,
e ti dà un dito, in punta, se la punti,
e a morderla ti provoca, di scatto,
quando che a lei, che è la mia bella voglia,
le va che fa uno scherzetto così:
ma sarà il confortino al suo dolore,
che il suo calore, immagino, ci tempera:
ah, poterci giocarti, io, come lei,
da alleggerirmi la malinconia!

tanto già piacque, pare, alla ragazza
velocista, la mela doratina:
le ha sciolto gli slippucci legatissimi:

2

piangete su, le Veneri, gli Amori,
tutta la gente che ci ha il cuor gentile:
alla mia ragazzina è morto il passero,
che alla mia ragazzina ci piaceva,
che se lo amava più che gli occhi suoi:
era di miele, e se lo conosceva,
come sua mamma, quella, una bambina,
e dal suo grembo mai che si scostava,
di qua e di là, che intorno ci saltava:
solo alla sua padrona cinguettava:
ma adesso va per la via delle tenebre,
laggiù, che mai nessuno torna indietro:
ah, maledette voi, le malebolge
dell'inferno, che il bello ci mangiate:
mi avete preso un tanto bello passero:
che malefatta! e povero il mio passero!
alla mia ragazzina, colpa tua,
gli occhietti gonfiettini stanno rossi:

EDOARDO SANGUINETI

Homage to Catullus

for Mauberley
neglected by the young

1

my little girl likes you, sparrow,
she plays with you and hugs you to her breast,
and gives you her finger, the tip, when you tap her,
and provokes you to bite her, suddenly,
when she, who is my best of loves,
gets the notion to play that sort of trick:
and it will be some comfort to her gloom,
for that's the way, I imagine, she cools off:
ah, to play with you, like her,
and so to get over my melancholy!

awesome how the sprinting girl
fell for the golden apple:
she undid her tiny double-knotted panties:

2

go on and cry, you Venuses and Loves,
all you people who claim a gentle heart:
my little girl's sparrow is now dead,
which my little girl was mad about,
just think, she loved it more than her own eyes:
she was all honey, and actually recognized him,
as a mother, I swear, does her baby girl,
and from her lap he never took a break,
this side and that, and fluttered about in it:
he twittered only for his mistress:
but now he travels the ways of darkness,
down there, from which there is no coming back:
ah, damn you, Malebolge
of the Inferno, that swallow such a beauty:
you've taken from me a fantastic sparrow:
what a crime! my poor poor little sparrow!
my little girl, it's your doing, I swear,
if her pretty eyes are swollen red:

3

viviamoci, mia cara, che ci amiamo,
e i bròntoli dei vecchi moraloni,
noi che li valutiamo, tutti, un soldo:
il sole sa morire e ci ritorna:
ma se un giorno ci muore il breve giorno,
la notte eterna, noi, ce la dormiamo:
tu i mille baci mi dai: dopo, i cento:
e i mille, dopo ancora: e i cento, poi:
e dopo, gli altri mille: e i cento, ancora:
poi, fatti i nostri multimila baci,
ci confondiamo il conto, in un pasticcio:
se no, un cattivo ci fa il menagramo,
che sa che sono tanti i nostri baci:

4

la tua ragazza, Flavio, al tuo Edoardo,
se non è che sta scema e disgraziata,
tu ce ne parli, e non stai zitto niente:
però è che fai la corte a una puttana
febbricosina, e a dirlo ti vergogni:
che non ti dormi notti vedovate,
ce lo grida, da muta, la tua tana,
odorosa di fiori et eau de Paris:
che il cuscino, alla pari, sta spremuto,
di qua e di là: che il letto sta scassato,
e ci trema, e ci geme, e ci fa il dondolo:
serve niente, se chiavi, dire niente:
non ci esibivi i fianchi tuoi sfiancati,
se non facevi tanto le cazzate:
dunque, come ti è andata, bene e male,
ce la racconti: e te e la tua ragazza
vi sparo in cielo, dentro i versi matti:

5

mi chiedi ai quanti sbaciamenti tuoi,
cara mia, dico il grazie e dico il basta:
quanto le sabbie libiche si ammucchiano,
laggiù a Cirene, in mezzo all'assafetida,
da quel Giove che bolle nel suo oracolo

3

let's live, my dear, since we love each other,
and as for the mutterings of old prudes,
let us take them at a penny's worth:
the sun knows how to die and then return:
but if one day the brief day dies for us,
eternal night we sleep in afterwards:
you give me the thousand kisses: and then the hundred;
and the thousand then, again; and the hundred, after:
and then, another thousand; and again the hundred;
then, after having kissed our thousand thousand kisses,
we get the count wrong, mix it all up:
otherwise some creep will give us the evil eye,
knowing that our kisses are so many:

4

Flavio, you praise your girl, to your Edoardo,
as long as she isn't foolish and hideous,
and you can't shut up about her:
the fact is you're going after a harlot,
running a temperature, yet ashamed to admit it:
that you do not sleep a widower's nights
is the news silently trumpeted by your dumb lair,
smelling of flowers and of eau de Paris:
your pillows are pressed likewise
on one side and the other: your bed is a ruin,
and rocks and groans and see-saws:
it's no use, if you screw, to keep your mouth shut:
you would not flaunt your fagged-out hips,
had you not been gallivanting silly:
so, whatever happened, good or ill,
please tell us: and you and your girl
I'll send up to the sky with my mad verses:

5

you ask me how many of your slobbering kisses,
my dear girl, will have me saying, *Thanks, Enough*:
as many as the grains of Lybian sands piled up,
down there in Cyrene, by the assafaetida,
from the spot where Jupiter's oracle boils over

fino al santosepolcro di don Batto:
quante le stelle molte, che, la notte,
guardano, zitte, i nostri amori ladri:
tanti baci, se tanto tu mi baci,
al tuo matto Edoardo è il grazie e il basta:
e i curiosi non stanno a numerarceli,
né, con la malalingua, a stregonarceli:

6

in buca, un giorno, io ve lo imbuco, e in bocca,
culone Aurelio, Furio puttanone:
mi immaginate, voi, dai miei versicoli,
perché fanno un po' porno, un nondecente:
ha da essere un perbene, il pio poeta:
lui sì, ma i suoi versacci non importa:
quelli, soltanto, ci hanno il gusto e il sale,
se stanno provocanti e nondecenti,
che riescono a scaldarci che ci prude,
mica i ragazzi, dico, ma i villosi,
che non gli tira più, lì il coso artrosico:
perché leggete i baci millemiglia,
voi vi credete che il maschio io non sono?
ma in bocca, un giorno, io ve lo imbocco, e in buca

7

per piacere, dolcissima mia bella,
mio giochettino e divertimentino,
invitami che io venghi, per il tè:
e se mi inviti, aggiungi questa grazia:
niente un do-not-disturb, lì alla maniglia,
niente la smania del passeggio, in giro:
ci resti in casa, e ci prepari, a me,
le mie nove chiavate, uso no-stop:
se poi già tieni impegni, io vengo adesso:
ci mangio e, fatto il pieno, mi distendo,
mi squarcio gli eminence, mi sfondo i jeans:

(Febbraio 1986)

to Don Batto's holy sepulchre:
as many as the many stars which, night time,
silently watch over our thievish loves:
that many kisses, if you kiss that many,
for your mad Edoardo are *Thanks, Enough*:
and the curious will not attempt to count them,
nor backbiters to hex them:

6

I'll shove it up your hole and in your trap,
bitch Aurelius, fairy Furio:
you think me, judging from my little verses,
some of them hardcore, one of your sort:
the pious poet must be well-mannered:
of course, but his crude lines don't matter:
these are tasty and spicy only if
they titillate and talk dirty,
to turn us on when we get the itch,
I don't mean the boys, but the old geezers,
those who can't get it up, the arthritic tool:
because you read about my thousand thousand kisses,
you think I'm half a man?
I'll shove it in your trap and up your hole:

7

please, sweet beauty mine,
my little game and divertissement,
send me a polite invite to tea:
and if you do, add a few more favors:
no "do-not-disturb" sign dangling from the doornob,
no talk of going for a walk downtown:
you just stay home, and prepare for me
my nine usual fucks, the non-stop kind:
if you have previous engagements, I'll come at once:
I'll have a bite, and after filling up, just lie down,
and smash a hole trough my briefs and levis:

(February 1986)

(Tr. Massimo Bacigalupo)

CARLO VITA

Aida

—*Sior, me 'mpréstelo el canocial?*—
chiese la ragazza bionda
invano trattenuta dalla bruna
al bel giovine serio col pince-nez
che sedeva un gradino più su
di loro nell'Arena, mentre laggiù
Aida gorgheggiava a Radamès.

A chiedere s'era volta la bionda,
delle due l'ardita, perché mai
e poi mai l'altra, la bruna selvatica
avrebbe osato l'agognato tanto.

Tutte e due belle, piaceva a tutte e due
il giovinotto sfiorato ogni volta
nel passeggio su e giù per la Via Nuova
e di lontano sempre ravvisato
con un pàlpito per il largo cappello
socialromantico, per il riserbo
esibito nel nero mantello.

E forse a quella prima del Tredici
fu l'audacia della bionda a decidere
la scelta prudente di mio padre
per la schiva bruna, che fu poi mia madre.

Nota dell'autore -- Questa storia del primo incontro dei miei genitori in
Arena, nel 1913, me l'ha raccontata la mamma. Ne ho parlato anche nel libro
dedicato al papà. Mentre si compiva l'impatto fatale tra i miei nell'anfiteatro
romano di Verona, "laggiù/ Aida gorgheggiava a Radamès." Quel laggiù cela
una piccola storia. Qualche tempo fa presi parte a una giornata di studi in
occasione del venticinquesimo anniversario della morte di Ezra Pound.
Ero stato invitato perché dicessi qualcosa su un mio fuggevole incontro da
cronista col poeta, al suo arrivo a Genova dagli Stati Uniti nel luglio 1958,
dopo gli anni di reclusione nel manicomio di St. Elizabeth. Ebbene, a quel
convegno ebbi il coraggio di dire che il laggiù voleva essere, nientedimeno,
una citazione dall'ultimo verso del Canto 4, dove Pound raccontava, nel suo

CARLO VITA

Aida

Sir, could you lend me your opera glasses?
asked the blonde girl, over
the vain protests of the brunette beside her,
of the handsome, serious young man with a pince-nez
seated one tier above them
in the Arena, while down there
Aida quavered to Radames.

The blonde who had turned to ask
was the bolder of the two, for never never
would that other, the diffident brunette,
have dared, much as she may have wished to.

Both were pretty, and both had a soft spot
for the young man they had glimpsed so often
strolling up and down the Via Nuova,
spotting him, as their pulses quickened,
off at a distance, under the large hat he wore
of the romantic socialist, under the veil,
forbidding, of his black cape.

Was it, perhaps, at that premiere of 1913
that the blonde's audacity determined
the prudent choice my father made
of the shy brunette, who would become my mother?

Author's Note—This tale of my parents' first meeting at the Arena in 1913 I
heard from my mother. While the fatal encounter between my parents was
occurring in Verona's Roman amphitheatre, "down there/ Aida quavered
to Radames." This "down there" has a story to itself. Some time back, I
participated in a panel on the occasion of the twenty-fifth anniversary of
the death of Ezra Pound. I was asked to speak of my brief encounter as a
reporter with the poet, on his arrival in Genoa from the U.S. in July 1958,
after the years of confinement in St. Elizabeths Hospital. In my talk I went
so far as to claim that my "down there" was nothing less than a quotation
of the closing line of Canto 4, where Pound, in his allusive but always exact
way, recalls when he sat on the tiers of the Arena, I believe with his friend

modo ellittico ma sempre esatto, di essersi seduto sui gradini dell'Arena, mi pare col suo amico Thomas (Stearn Eliot), durante un soggiorno veronese, agli inizi degli anni '20. Per l'esattezza, la mia non era poi una vera citazione da Pound, ma dalla traduzione in italiano della figlia Mary. Dissi anche allora che, a ripensarci e se fossi stato furbo, avrei potuto dare ad *Aida* una patina di modernismo internazionale infilandoci la locuzione originale *there in the arena*. Avrei fatto ironicamente il verso all'autore dei *Cantos*, efferato citazionista. Ma chi, tra i miei potenziali, sparuti lettori privati, l'avrebbe capito?

Thomas (Stearns Eliot), during a visit to Verona in the early 1920s. To be more accurate, I was not really quoting Pound, but his daughter Mary's Italian translation. In my talk I added that, had I been smarter, I could have given my "Aida" an international modernist flavor by introducing the original phrase, "there in the arena." This would have been an ironic imitation of the author of *The Cantos*, a master of quotations. But who among my few potential readers would have understood the allusion?

(Translated by Massimo Bacigalupo and John Gery)

Asterisco

Cosa volere di più
da un ricordo:

a Genova
da una scala marina
tra ossi di seppia
e lische di pesce
scendere cauti e devoti
reggendo il tremito
d'un braccio senza peso
di tanta fama
e di tanti spaghetti
con le vongole

e su di noi l'autentica
voce di falsetto
(Esterina!)
— attento, Eusebio
a non inciampare...

Asterisk (after Carlo Vita)

by C.K. Stead

On the Nervi stairway
where cuttlefish bones
and fish-scales
have taken upon themselves
a flavor of the Master's verse,
the tremor of his hand on my arm
(he cautious, I respectful
of so much fame, so much
pasta alle vongole!)
seemed weightless.

What more
could memory offer? -- only
that true falsetto voice
(yes, Esterina's) calling
over the rattle of sea stones
"Eusebio, take care --
don't miss your step."

Editors' Note--One of Eugenio Montale's most anthologized poems,
"Falsetto" (1924), opens with the line "Esterina, your twentieth year threatens
you" ("Esterina, i vent'anni ti minacciano"). The above sketch commemorates
a convivial meeting, forty years later, near Genoa, between the elderly poet
(known as "Eusebio" to intimates) and his former muse. The title refers to
Montale's occasional use of a single asterisk in lieu of a title.

II.

POESIE IN CECO/
POEMS IN CZECH

PETR MIKEŠ

Haikus

Haiku Ezrovi

Usura je zde
Dnes mnohem víc než tehdy.
Jí neunikneme.

Haiku Ezrovi II

Calle Querini
Obléhá hotel Messner.
Dogana mlčí.

Haiku Ezrovi III

Potkali jsme tě
U zastávky parníčku.
A nebyl jsi duch.

Haiku Ezrovi IV

Na San Michele
Zpívají všichni ptáci.
Ale ty nespíš.

Haiku Ezrovi V

Na Zattere svist
Kopyt jelena slávy.
Číšník nás zdraví.

PETR MIKEŠ

Haikus

Haiku for Ezra

Usura is here
Today far more than ever.
We can not escape.

Haiku for Ezra II

Calle Querini
Besieged by Hotel Messner.
Dogana is mute.

Haiku for Ezra III

We both have met you
At vaporetto station.
You were not a ghost.

Haiku for Ezra IV

On San Michele
All birds are singing loudly.
But you do not sleep.

Haiku for Ezra V

On Zattere sweep
Of the hoofs of white stag fame.
Waiter says hello.

(Tr. Petr Mikeš)

Haiku

Haiku per Ezra I

L'usura è qui.
Oggi più che mai.
Impossibile sfuggirle.

Haiku per Ezra II

Calle Querini
assediata da Hotel Messner.
La Dogana muta.

Haiku per Ezra III

Ti abbiamo incontrato
alla fermata del vaporetto.
Non eri un fantasma.

Haiku per Ezra IV

Su San Michele
gli uccelli cantano forte.
Ma tu non dormi.

Haiku per Ezra V

Sulle Zattere passano
gli zoccoli del cervo bianco la fama.
Il cameriere saluta.

(Tr. Massimo Bacigalupo)

PHOTOS/FOTOGRAFIE

Poets Reading at the Sala Capizzuchi/ Poeti durante il reading a Sala Capizzuchi

Caterina Riccardi opens the evening

Mary de Rachewiltz

Patrizia de Rachewiltz

Stephen Romer

Maria Clelia Cardona

Daniele Pieroni

John Gery

Tony Lopez

Rossella Pretto and Benamin L. C. Baker (reading Pasolini and others)

Biljana D. Obradović

Massimo Bacigalupo

Daniel Maria Mancini

Photographs by Biljana D. Obradović

III.

POEMS IN ENGLISH
POESIE IN INGLESE

Ten for Terry (Plus One)

Venice

Allen Ginsberg, tidied up,
showed me his copy of *The Cantos*
at San Trovaso. Doing Pound's
Venice, he was, for once,
the *jeune homme modeste*.

Hotel Italia

Dorothy Pound came down the
staircase holding the first issue
of *Paideuma*. I drove her to my place
on the hill for tea, and we talked
fluoride (those bubbles) and
Cantos (Grock's "Ou çà?").
Earlier on, she had given me
a little Fenollosa, inscribed:
"For Massimo's further instruction."

Transatlantic Misunderstanding

I got a letter from someone called
Carroll in Maine inviting me to join the
board of a new Pound journal, *Paideuma*.
I answered: "Dear Madam, I'll think
about it."

Sant'Ambrogio

Terry sat at the table
by San Pantaleo, with
dear Angela and muted
Marcella. Luigi of the hill path
brought out a carafe
of cool wine, but couldn't
remember playing "è mobile"
on the campanile carillon.

MASSIMO BACIGALUPO

Dieci per Terry (più una)

Venezia

Allen Ginsberg, datosi una sistemata,
mi mostrò la sua copia *dei Cantos*
a San Trovaso. Perlustrando la Venezia
di Pound era diventato, per una volta,
un *jeune homme modeste.*

Hotel Italia

Dorothy Pound scese lo scalone
tenendo in mano il primo numero
di *Paideuma*. La portai in macchina
alla mia casetta in collina a prendere
il tè, e parlammo di fluoro (quelle orrende
bollicine) e *Cantos* (l'"Ou çà?" di Grock).
Qualche tempo prima mi aveva regalato
un piccolo Fenollosa, con la dedica
"A Massimo, per sua ulteriore istruzione."

Equivoco transatlantico

Ricevetti una lettera da tal Carroll
in Maine che mi invitava a far parte del
comitato di una nuova rivista poundiana,
Paideuma. Risposi: "Gentile Signora,
ci penserò."

Sant'Ambrogio

Terry sedette al tavolo dello spaccio
accanto a San Pantaleo, con
la simpatica Angela e la taciturna
Marcella. Luigi, quello dei sentieri
in collina, ci portò una caraffa
di vino fresco, ma non ricordava
di aver suonato "la donna è mobile"
sulle campane della chiesetta.

Peter Bennett

Still talking revolution in 1990, wanting
to shoot a documentary of New Zealanders
at Cassino, walking along
the Thames where Elizabeth met returning Drake,
where Marlow begins telling *Heart of Darkness*.
Old tires and waste, a cold wind.
And the chapel dwarfed by industrial plants
I recognized later in *Four Weddings and a Funeral*.
Peter invited me in a letter to stay overnight
if I needed a bed near London. I accepted.
He said on the phone he'd meet me
at Gatwick. As I walked out of passport control
I wondered how I'd recognize him. All I had
seen was a picture of Peter on a huge motorcycle.
So I faced the crowd. A tall fair man
walked in my direction. He was holding up
a book: *The Cantos of Ezra Pound*.

The Guest Book

This is a story Ezra liked.
When asked to sign the restaurant's
guest book, Friedrich Nietszche wrote
a florid German phrase, which the
owner proudly showed to all patrons.
In translation, the phrase ran:
"Beware of the beefsteak!"

The Inscription

Dr. Kavka remembered his most notable patient,
how he would lie flat with a pencil tied to
a string hanging from the wall, notebook
at hand, so as not to miss any phrase
that might come to mind. He told us that James
Laughlin regaled him with many books by
Pound, thinking this might help him to
get the picture. However, the Doctor
had to go out and buy *Make It New*, which was not
published by New Directions, but Yale.
When he asked Pound to inscribe it, and told
him how he had got it, the author

Peter Bennett

parlava di rivoluzione ancora nel 1990, voleva
girare un documentario sui neozelandesi
a Cassino, passeggiando alla foce
del Tamigi, dove Elisabetta accolse Drake vittorioso,
dove Marlow inizia a raccontare *Heart of Darkness*.
Vecchi pneumatici e rifiuti, un vento freddo.
E la cappella minuscola sotto enormi fabbriche
che poi riconobbi in *Quattro matrimoni e un funerale*.
Peter mi scrisse invitandomi a pernottare da lui
se mi serviva un letto presso Londra. Accettai.
Disse al telefono che mi avrebbe incontrato
a Gatwick. Passato il controllo passaporti, mi domandai
come l'avrei riconosciuto. Avevo solo
visto una fotografia di Peter su una grossa moto.
Quindi scrutai tutta quella gente. Un uomo alto e biondo
si mosse verso di me. Teneva ben in mostra
un libro: *The Cantos of Ezra Pound*.

Il libro degli ospiti

Questo è un aneddoto che piaceva a Ezra.
Quando gli chiesero di firmare il libro
degli ospiti del ristorante, Nietzsche scrisse
una florida dedica in tedesco, che il gestore
esibiva orgoglioso a tutti i clienti.
Tradotto, il commento leggeva:
"Attenti alla bistecca!"

La dedica

Il dott. Kavka ricordava il suo paziente più famoso,
come stesse coricato con una matita legata con un filo
al muro, un quaderno a portata di mano,
per non lasciarsi sfuggire quanto poteva
venirgli in mente. Ci disse che James
Laughlin gli aveva regalato molti libri di
Pound, pensando che potessero aiutarlo
a inquadrare il caso. Tuttavia, lo psichiatra
dovette comprare *Make It New*, che era
edito non da New Directions ma da Yale.
Quando chiese a Pound una dedica, e gli disse
come se l'era procurato, l'autore

was delighted and wrote:
"Kavka's copy
By him purchased
God will
        reward."

Piera's Book

Piera was a pretty child,
daughter of the owner of
the Albergo Rapallo. She'd go out
and speak to those foreigners
at the tables. One of them,
the one with the red mane,
gave her a leather-bound
autograph book, and inscribed it
on the front page:
"Il libro di Piera."
He also provided the first autograph,
a stave of music, the words,
"Dictes moy où, n'en quel pays,
Est Flora,"
and the signature,
Ezra Pound 1928.
On the second page,
more music, as in a regular piano
score, signed self-assertively,
George Antheil. But page
three was the best, for there
you can still read in the unmistakable
handwriting:

Much did I rage when young
Being by the world oppressed,
But now with flattering tongue
It speeds the parting guest.
            W B Yeats, April 17, 1929

A Note from Rapallo

Every year, on July the first,
the second,
and third, Rapallo celebrates
its patroness, the Madonna of
Montallegro, with pealing bells,

si ringalluzzì e scrisse:
"La copia di Kavka
Da lui acquistata
Dio lo
        rimeriti."

Il libro di Piera

Piera era una bambina graziosa,
la figlia del proprietario
dell'Albergo Rapallo. Le piaceva
chiacchierare con i forestieri
seduti ai tavoli del caffè. Uno di loro,
quello con la zazzera rossa,
le diede un bell'album
rilegato in pelle, e scrisse
sulla prima pagina:
"Il libro di Piera."
Mise anche il primo autografo,
un pentagramma, le parole
*"Dictes moy où, n'en quel pays,
Est Flora,"*
e la firma,
Ezra Pound 1928.
Sulla seconda pagina,
altra musica, come in uno spartito
per pianoforte, firmata con decisione:
George Antheil. Ma la
terza pagina era la migliore, perché qui
si può ancora leggere nella calligrafia
inconfondibile:

*Molto infuriai da giovane
poiché il mondo mi opprimeva,
ora invece con lingua adulatrice
sollecita l'ospite che si congeda.*
        W B Yeats, 17 aprile 1929

Un messaggio da Rapallo

Ogni anno, il primo luglio,
il due,
e il tre, Rapallo festeggia
la sua patrona, la Madonna di
Montallegro, con scampanii,

fireworks galore, a procession,
and floating light in the bay
at night. These Ezra liked
and put in *The Cantos*. But on June 26,
1959, he wrote his old friend H.D.:
"As to fullness, I shall be away
for 73 hours, while the damBBBellZZZ
ring to show Mrs. Gawd likes
a bloody racket."

Don Clemente Rebora

was a major poet (1885-1957),
also a priest. In his last
years he wrote some striking
lines, inscribed "For Pound, 1955."
This is a rough translation:

From eternal poetry Dante comes to us
To encourage along this road the art
Which, if true, raises to true life.
He sees people running without aim,
Human mixture, fractious and isolate.
Is it Hell? Is it Purgatory? Paradise
The world both flees and seeks,
Pushes against the cage of this universe . . .
Dante advances among the tedious noise,
All alone he repeats a single verse:
The Love that moves the sun and the other stars.
Nobody listens . . . Now he meets a band
Of those whom God chooses to raise
In supreme beauty man's heart and mind.
Everyone congratulates him for the Comedy . . .
"And now" (they ask) "what treasure is in the works?"

The Unconquered Flame

Maria Costanza De Luca ran a seaside
hotel in Gabicce, taught Latin
and Greek in Ancona and Japanese
culture in Urbino. She was about
eighty when she grabbed the bag
of the young lecturer arriving in Ancona
to address the association for classical

fuochi e botti a tutte le ore, una processione,
e lumini fatti galleggiare nel golfo
di sera. Questi piacevano a Ezra
che li mise nei *Cantos*. Ma il 26 giugno 1959
scrisse a una vecchia amica, H.D.:
"Quanto al troppo stroppia, sarò assente
per 73 ore, mentre quelle maleDeTTTissimeCCaMMMPPPane
suonano per dimostrare che Madama Dio
ama un fottuto fracasso."

Don Clemente Rebora

fu poeta insigne (1885-1957),
oltre che sacerdote. Negli ultimi
anni scrisse un commosso
e sottile omaggio in versi,
"Pound, 1955". Eccolo:

Da eterna poesia a noi vien Dante
per incuorar su quella traccia l'arte
che al viver vero, se vera, solleva.
Scorge gente che corre senza meta,
umano impasto, e isolato e diviso:
è Inferno? è Purgatorio? Il Paradiso
mentre lo sfugge, il mondo lo ricerca:
sforza la gabbia di questo universo . . .
Dante nel chiasso avanza che lo tedia,
tutto solo ripete un solo verso:
l'Amor che move il sole e l'altre stelle.
Nessun l'ascolta . . . Incontra ecco un drappello
di quei che Dio destina ad elevare
in suprema bellezza e cuori e menti:
lo complimenta ognun per la Commedia:
—E ora (dicon) che appresta di bello?

La fiamma inviolata

Maria Costanza De Luca dirigeva un albergo
sul mare a Gabicce, insegnava latino
e greco ad Ancona e cultura
giapponese a Urbino. Era sugli
ottanta quando afferrò la valigia
del giovane studioso venuto ad Ancona
per una conferenza all'associazione di cultura

studies she presided upon.
Her mother, over 100, regretted
Costanza's giving up knitting
for the humanities and insisted that, once
retired, she pick up where she had left off.
I owe her the discovery of EP's homage
to Byron's Grotto. We all owe her
the only adequate facsimile of the source
of the Seven Lakes Canto, since lost.

classica da lei presieduta.
Sua madre, centenaria, non le perdonava
di aver abbandonato la maglia
per gli studi e la invitava a riprenderla
dove l'aveva lasciata.
Le devo la scoperta dell'omaggio
di EP alla Grotta Byron. Tutti
le dobbiamo l'unico facsimile
adeguato della fonte del Canto
dei Sette Laghi, poi perduta.

(Tr. Massimo Bacigalupo)

Three Poems

I

Poems would dispense of letter-
writing to friends of Kora
in hell and Ka's frame structure.
As sands of the well wherein
God makes dust
                    mingle with words
read elsewhere in another
language: suddenly a new Nobel
stands before me on Utagawa's
bridge, rain pours on Wislava
lovelessly
                    bringing fame to
Szymborska.

If in a dream one evening
I went to see Mishima's
old woman in his modern
Noh to learn how to say yes
to a love-lacking friend,
when the arcane substance
holding memory glued to patches
of intermittent light stirs, it
will show the fleeting story
of the bridge he never dared.

This is neither a letter
neither a haiku as of old
distant friends sent to each other,
it's a root-bridge towards
her unfriendly world.

Tre poesie

I

Poesia esime da
la corrispondenza con
amici di Kora in Hell e da
cartigli di Ka. Qual sabbia
nel pozzo in cui Dio mescola
                polvere alle parole
altrove lette in altra lingua:
d'un tratto un nuovo Nobel
m'appare sul ponte
di Utagawa mentre la pioggia
cade desolata sul Vistola
                portando lustro
alla Szymborska.

Se in sogno una sera
andai a vedere la vecchia
nel Noh moderno di Mishima
per imparare a dire "sì"
a un amico privo d'amore,
quando l'arcana sostanza
che tiene memoria con toppe
di luce intermittente si muove,
mostrerà la storia fugace
del ponte che mai osò attraversare.

Questa non è una lettera
né haiku d'altri tempi
che amici lontani s'inviavano,
è un ponte di liane
verso il suo mondo ostile

II

We who cannot communicate
ourselves and each other
only through poems, black
on white, not the shape
of words spoken because
the tone is too deep or
shaky disrupting silence
little bare feet leave unscathed
as morning dew a flagstone
and the father's bare feet
follow proclaiming his innocence --
we wonder if joy can ever be
innocent after another man
avowed his own disaster.

II

Noi che non possiamo
comunicarci reciprocamente
solo attraverso poesie
nero su bianco, parole prive
di forma dette perché
troppo basso o tremulo
è il tono che scompiglia
il silenzio inviolato da piedini
scalzi sul lastrico
seguiti dai piedi nudi del padre
che proclama la sua innocenza -
ci chiediamo se la gioia mai più potrà
essere innocente dopo che un altro
uomo ammise il suo disastro.

III

Too many tragedies
Not enough poets to record the variations
                on a theme:
as between friends
antagonizing for the delight of eyes
                and ears
the image and the sound
trickling in fragments from two-step to tango
                to a vortex
of red dervish dance
that's called energy's temptation in a red skirt
                with more weight than bulk.

III

Sono troppe le tragedie
Mancano i poeti per annotare
                le varianze s'un tema:
come fra amici
che si sfidano per diletto
                con occhi e orecchie
e le immagini e i suoni
gocciolano a spizzichi da fox-trot a tango
                a un vortice
rosso di dervisci danzanti
che è tentazione dell'energia in gonna rossa
                e pesa più della sua massa.

(Tr. Mary de Rachewiltz)

PATRIZIA DE RACHEWILTZ

Summer 1958

(E.P. returns to Italy)

I was eight and he was coming.
A giant with large wings.
My plaits felt tight as ropes
hauling a ship into a safe harbor.
Freedom, a tough lady to please.
Words beyond mine, a name.
So huge, on the way down, we met
half way where it was steepest.
Passed the rose-bush and the cross
where I knelt and made the sign.
He walked in front it seemed to me
he was bouncing.
The mountains were closing in,
my heart stuck in my ribs.
How to kiss him, so tall, so steep,
so out of proportion. Yet somehow
I wish to remember his hand
on my cheek, the smile from above.
In retrospect all fear mellows.
I did not know that even giants
have fears and suffer if put in a cage
like a beast.
Words sprung from there made eternal
as Brancusi's bird. Levitated and bent
as hot iron. A life of it.
When the sky grew dark he brought us
together like monks after a happy repast
and mesmerized us with his voice.
Spirals and depths and something
so sad.
He was old and tired as we stood together
on the Canale where the gondolas rocked.
Silence,
the ultimate cry for mercy.
If then I did not take his hand in mine
I close my eyes and know where there is
PARADISO.

PATRIZIA DE RACHEWILTZ

Estate 1958

(E.P. ritorna in Italia)

Avevo otto anni e mi veniva incontro.
Un gigante dalle ali grandi.
Le mie trecce strette come corde
che tirano una nave in un porto sicuro.
Libertà, dama difficile da contentare.
Un mondo al di là del mio, un nome.
Così ampio, nella discesa, ci incontrammo
a mezza via dove la stradina era più ripida.
Passato il cespuglio di rose e la croce
dove in ginocchio mi facevo il segno.
Camminava davanti come a passi
di danza.
I monti a paravento,
il cuore in gola.
Come baciarlo, così alto, così ripido,
così sconfinato.
Voglio ricordare quella mano
sul mio viso, il sorriso dall'alto.
Col passare, ogni paura si addolcisce.
Ignoravo che perfino un gigante
sa cos'è la paura e soffre se messo in gabbia
come una bestia.
Parole nacquero da lì per farsi eterne
come l'uccello di Brancusi. Levigate e duttili
come ferro rovente. Dando una vita.
Nel tardo pomeriggio ci radunava
come monaci dopo un lieto pasto
e ci incantava con la sua voce.
Spirali e abissi e un qualcosa quasi
triste.
Era vecchio e stanco quando insieme
andavamo al canale a veder le gondole cullarsi.
Silenzio,
ultimo grido di grazia.
Se allora non presi la sua mano nella mia
chiudo gli occhi e so dov'è
PARADISO.

(Tr. Patrizia de Rachewiltz)

Quieter Again

for my mother

You are quieter again, the valley
at your feet in the morning
and the first bird darts
across your face.

Stone upon stone, piled up
the years of solid walls,
to split the strain
of many lives.

In the wind your melancholy
dances still, while
the cherry sap pours
through your fingers.

A vastness of sky in your eyes,
an infinite
succession of antique verses
renew themselves

in your soul, wrapped with care
by heedless winds
and the green of time. The cross
of roses

stands out on the slopes as you return
to the womb
where the slow
river speaks of the dear poet.
The cricket

looks out for you in summer sleep
to love you;
the strength of remembering
                    is in starting all over.

Ritorni

per mia madre

Ritorni a essere quieta, la valle
al mattino ai tuoi piedi
e il primo uccello che sfreccia
sul tuo volto.

Pietra su pietra, accatastati sono
gli anni di solide mura,
a dividere i logorii di tante
vite.

Danza ancora nel vento la tua
malinconia, mentre
il succo di ciliegia ti scorre
tra le dita.

Un cielo grande nei tuoi occhi,
un infinito
susseguirsi di versi antichi
si rinnovano

nel tuo animo, avvolto con cura
dai venti sordi
e il verde del tempo. La croce
di rose

spicca sui pendii e ritorni nel grembo
dove un fiume
lento parla del caro poeta.
La cicala

ti cerca nel sonno d'estate
per amarti;
la forza del ricordo
            sta nel ricominciare.

(Tr. Patrizia de Rachewiltz)

Beloved

The mist was thick in Piazza San Marco,
you said.
Pearl water world where the black swans
between moving poles gently
sparkle his name
beneath the algae and the shell. Deep set
eyes on stone
are done with weeping. Now dolphin's eyes.
He may be seated on the steps
in the sun,
watching you on a calmest day. A trace of joy
as you are cherished beyond all loving.
It is enough
to remember the back of his hand. Enough
to remember,
                    like one more wave.

Amata

La nebbia era fitta a Piazza San Marco,
mi dicesti.
Un mondo di perle acquose dove i cigni
neri fra i pali mossi
raccontano il suo nome
sotto le alghee la conchiglia.
Non più lacrime dagli occhi profondi
intagliati nel ricordo, bensì
vispi occhi di delfino.
Seduto sui gradini al sole, seguirà te
con lo sguardo,
    acquietato.
Essendo tu l'amata oltre i confini.
Basta ricordare la sua mano,
basta ricordare
    l'onda che segue.

(Tr. Patrizia de Rachewiltz)

JOHN GERY

First Music

Young women have bodies, too,
        young men tend to forget
                in their hurry to sell them

theirs: Susan Harbinger,
        pleasure princess of my
                fifteenth year, O where

has yours taken you?
        What odor has soured
                the fragrance of your

lunular lips and belly,
        those breasts protruding be-
                fore me up in the front

row of the high school
        concert band? Would that
                I were that silver flute

you so preciously handled
        those long hours, to have had
                your narrow fingers running

over me, your soft mouth on
        my embouchure playing
                Everything's Coming Up

Roses
        in a flat 4/4. Am
                I, sweet Lesbia, now so dis-

mantled from that song,
        my various body sections
                kept warm by the felt inside

the leather case you hide
        in your hallway closet, to be
                occasionally kicked

by your dour husband

JOHN GERY

Prima musica

Anche le ragazze hanno un corpo
        i ragazzi di solito lo dimenticano
                nella loro fretta di vendergli

il loro: Susan Harbinger,
        principessa dei piaceri dei
                miei quindici anni, oh dove

ti ha portato il tuo?
        Quale fetore ha inacidito
                la fragranza delle tue

labbra lunari e del tuo ventre,
        quei seni protrusi ver-
                so di me nella prima

fila dell'orchestra
        del liceo? Fossi quel
                flauto d'argento

che maneggiavi prezioso
        per lunghe ore, scorressero
                le tue dita sottili sopra di me,

la tua morbida bocca
        suonando sulla mia imboccatura
                Ogni Cosa Ritorna

Rose
        in un banale 4/4. Forse che sono,
                dolce Lesbia, ora così smem-

brato da quel canto,
        le diverse parti del mio corpo
                tenute calde dal feltro

nella custodia di cuoio
        nascosta nel tuo armadietto,
                presa a calci di tanto in tanto

dal tuo acido marito

      home late again tonight
            from his bad job?

Or maybe
      your white cotton gloves
            are what I once was,

the evening you thought
      no one was watching you, out
            behind the bandshell lot

as you stroked yourself
      between your plaid woolen
            thighs. O would that I

might arise, a sparrow
      in your palm, a melody
            you believe in, even now.

di nuovo ritornato così tardi a casa
da quel suo brutto lavoro?

O forse
i tuoi guanti bianchi di cotone
sono quel che ero io un tempo,

la sera che pensavi
nessuno ti stesse guardando, là
dietro alla conchiglia dell'orchestra

mentre ti accarezzavi
tra le gambe coperte di lana
scozzese. Potessi

sollevarmi, passero
nel palmo della tua mano, melodia
in cui credi, anche ora.

(Tr. Rosella Mamoli Zorzi)

Without Quite Hearing the Conversation in the Next Room

I have no idea what people have to say
to one another, when I'm alone. Chatter,
in this circumstance, resembles the keys
out in the hallway, just before the bell rings,
jangling from the janitor's pocket at school,
the rest of us ready to flee for who knows
what shore. Just more of the same, I'd say,
but I'm not the one here doing the talking.

Heady stuff, to be sure, articulate, pure, their
sheer wit quick as a whistle—maybe it's
missile defense systems that detain them,
negotiating their dissolution. Take it all
down, and then what have you? A trapezist
and a clown, I'd suggest. But am I the latter,
obviously missing the point, pointing to
what I'm dismissing, since you're not near

to distract my inattention? So here a word
kiss, for "Lady Miels-de-Ben." Or say, instead,
go fish. Something someone has spoken
must matter somehow, but only if another
hears it, not the tree but the entire forest
falling, not the president, just me, calling,
though who knows, as usual, what for.

Senza sentire davvero la conversazione nella stanza accanto.

Non ho idea di che cosa abbiano da dirsi le persone,
quando io sono solo. Le chiacchiere,
in questa circostanza, sembrano le
chiavi nell'entrata, poco prima che suoni la campana,
appese alla tasca del bidello a scuola,
noi tutti pronti a fuggire per chi sa
quali lidi. Ancora le stesse cose, direi,
ma non sono io qui che tiene la conversazione.

Cose importanti, certo, articolate, pure,
spirito rapido come un fischietto—forse
è il sistema di difesa dei missili a trattenerle,
negoziandone la dissoluzione. Tira giù tutto
e poi cosa hai? Un trapezista, potrei suggerire,
e un clown. Ma forse che sono quest'ultimo?
Ovviamente mi sfugge il punto essenziale, puntando
a quel che ignoro, dato che tu non mi sei vicina

a distrarre la mia inattenzione. Così ecco una parola
bacio, per "Lady Miels-de-Ben." O invece, di' pure,
vai a pesca. Qualcosa che qualcuno ha detto
deve avere un qualche valore, ma solo se un altro
la sente, non l'albero ma l'intera foresta
che cade, non il presidente, solo io, che chiamo,
come al solito, chissà perchè.

(Tr. Rosella Mamoli Zorzi)

My Saturation

Like wood in water
months at a time, not
regal cypress nor sleazy

pine, but the porous kind
that expands, grows soft,
then sags like that line from

Langston Hughes, I refuse
to let my wet brain die.
Writing with age comes easy,

lest you forget, at least
to try, so long as you don't lie.
But whose words are whose?

I take as a glorious sign
my love doesn't stagger, no
matter how much my mind lags

behind. Please, oh please,
let me be good, keen
as an eagle, without regret,

not yet not yet, and sustain
one more page as fat and fresh
as these 3 am birds, a few

more words, a few more words.

Saturazione

Come legno nell'acqua
per mesi, non
cipresso reale né scivoloso

pino, ma quel genere poroso
che si espande, s'ammolla,
s'incava come quel verso

di Langston Hughes, rifiuto
di lasciar morire il mio cervello umido.
Scrivere viene facile con l'età,

se non dimentichi, almeno
ci provi, a patto di non mentire.
Ma di chi sono le parole?

Prendo per segno glorioso
che il mio amore non esiti
per quanto la mente sia indietro.

Per favore, per favore, oh per favore,
che io sia buono, acuto come un'aquila,
senza rimpianti,

intanto, intanto, e sostenga
un'altra pagina grassa e fresca
come questi uccelli delle 3 di mattina,

ancora qualche parola, ancora.

(Tr. Rosella Mamoli Zorzi)

Il Redentore: The Pontoon Bridge

Venice, July 2004

To walk across the water to the land of the dead
(in the old days, as they did to Cimitero, though now
only to this church to remember the dead, south

to Giudecca) means somehow to redeem the living,
the ones doing the walking.
Those who haven't died yet might fall into the canal!

To stand outside while all the others enter the apse
is another way to avoid a similar fate.
We may lean toward our alienation to avoid death,

if only as a happy interregnum of the spirit, between
enjoying our being carnivorous and the great pain
before the formal feeling that gets all the attention.

Such is the pleasure of undeceived self-deception.
Art, buildings, and poetry help out in this matter,
providing, like a pontoon bridge, an unstable perspective.

Il Redentore: il ponte di barche

Venezia, Luglio 2004

Attraversare l'acqua fino alla terra dei morti
(in passato, lo facevano, fino al Cimitero, anche se ora
solo fino a questa chiesa, per ricordare i morti, a sud,

alla Giudecca) significa in certo modo redimere i vivi,
quelli che camminano.
Quelli che non sono morti potrebbero cadere in canale!

Starsene fuori mentre gli altri entrano nell'abside
è un altro modo di evitare un simile fato.
Possiamo pencolare verso l'alienazione per evitare la morte,

se non altro come felice interregno dello spirito, a mezzo
tra il piacere di essere carnivori e la grande sofferenza
prima del sentimento formale che attrae tutta l'attenzione.

Tale è il piacere dell'autoinganno non rivelato.
L'arte, gli edifici, la poesia ci aiutano in questo,
fornendo una prospettiva instabile, un ponte di barche.

(Tr. Rosella Mamoli Zorzi)

TONY LOPEZ

A Path Marked with Breadcrumbs

The collapsed addict mother, passed out
under a hedge in the nineteenth century
knows the colonial economy
in point of fact. The child a sweet girl
changes into gold out of pure virtue
in a novel by a woman called George.

Tell the age of a hedge by counting species
how long it takes the natives to move in.
For the consumption of opium or diet food
See *cultural ideal*, see *anorexic fix*.
There is a circuit in neurotic behaviour
like racial fear in English Literature

Where grazing rights and planted enclosures
are just real enough to be rented out.
You may continue to use your PIN code
in advance of the merger, even if
the false body image is politic,
floating on corporate identity.

It is not enough to be on the fence
one must be inside using surveillance.
We live on a little muddy island
grow rice, catch fish and care for our children.
Some very good submissive subjects
only one previous family now deceased.

TONY LOPEZ

Un sentiero segnato da briciole di pane

Stremata dalla droga la madre, priva di sensi
sotto una siepe nell'Ottocento
conosce bene l'economia
coloniale. La bimba una dolce creatura
in oro si tramuta per pura virtù
nel romanzo di una donna chiamata George.

Riconosci l'età di una siepe contando le specie
il tempo che ci vuole alle native per prendere piede.
Per la consumazione di oppiacei o di cibo dietetico
vedi *ideale culturale*, vedi *dosaggio anoressico*,
C'è un circuito nel comportamento nevrotico
come la paura razziale nella Letteratura Inglese

dove diritti di pascolo e terreni recintati
sono reali quanto basta da dare in fitto.
Puoi continuare a usare il tuo codice PIN
prima del merger, anche se
la falsa immagine corporea è politica,
fluttuante sull'identità giuridica.

Non basta stare sullo steccato
bisogna essere dentro con mezzi di sorveglianza,
viviamo in un'isola piccola e fangosa
coltiviamo riso, peschiamo e ci curiamo dei figli.
Un buon numero di bravi sudditi ossequienti
una sola famiglia in precedenza, ora deceduta.

(Tr. Caterina Ricciardi)

Look at the Screen

Try 'art is history' remember 'Art is just a guy's name'.
Do we need quotation marks? Boarding passes? Transit visas?
The wall runs from the thruway down into a pond
then goes up the hillside, zigzagging some trees
already established.
A wall to look at and photograph
not a boundary or contested site: an Art wall.

Rubble in news photos—walls coming down in 1989 Berlin.
Notes for a power-point presentation?

Bulldozers going to Janin in 2002.

Remember Rock Hudson, much reduced, on the stretcher.
Was he the first big name to die of AIDS?

Clearing stones from a field you establish a boundary
working with the material that is to hand.
If you are dispossessed you fight with stones
or whatever you can pick up.

When Douglas Sirk employed deep focus lenses
expanding the field from canopy to roadside and gardens
in a pretty suburb, leaves fell across the view
building up a social meaning.

And in this scenario Rock Hudson reads Thoreau
runs a nursery, wears a check lumberjack shirt:
you keep trying the stones and taper towards the top
capping stone. Melodrama, Country Life,
A film called *All that Heaven Allows*.

Driving down the Taconic parkway in the fall
miles and miles of road-killed deer.
It's not about the ending: trite, cut-off, contrived:
turn off and drive west across the Hudson River
imagine this is real life.

Guarda lo schermo

Prova "arte è storia" ricorda "Arte è solo il nome di un tale".
Abbiamo bisogno di virgolette? Carte d'imbarco? Visti di transito?
Il muro corre dall'autostrada giù in uno stagno
poi sale su per la collina, zigzagando fra alberi
già cresciuti.
Un muro da guardare e fotografare
non un confine o un sito contestato: un muro d'Arte.

Macerie nelle foto dei notiziari—muri che cadono a Berlino nel 1989.
Note per una presentazione power-point?

Bulldozer diretti a Jenin nel 2002.

Ricordate Rock Hudson, molto smagrito, sulla barella.
Fu lui il primo grosso personaggio a morire di AIDS?

Liberando un campo dalle pietre si traccia un confine
col materiale a portata di mano.
Se sei espropriato combatti con le pietre
o con qualsiasi cosa riesci a raccattare.

Quando Douglas Sirk usa le lenti deep focus
espandendo il campo dal fogliame alla strada ai giardini
in un grazioso sobborgo, poche foglie caddero sulla veduta
creando un significato sociale.

E in questa sceneggiatura Rock Hudson legge Thoreau
dirige un vivaio, porta una giacca a scacchi:
continuiamo a incastrare le pietre e ad affusolarci verso
l'ultima di copertura. Melodramma, Vita di Campagna,
Un film intitolato *Secondo amore*.

Scendendo per l'autostrada del Taconic in autunno
miglia e miglia di cervi uccisi sulla strada.
Ciò non riguarda la fine: trita, scorciata, artificiosa:
uscite e andate verso ovest attraverso il fiume Hudson
immaginate che questa sia la vera vita.

(*Tr. Caterina Ricciardi*)

On Tuesday

In *Silent Witness*, Harry,
the young male lead pathologist,
has a back-story mother who
rides a bicycle and goes to poetry readings
giving imaginative depth to his
nerdy profile. Don't you think the
gelled updraft hair is just right?
We know that he really loves Emilia Fox
and who wouldn't: though he doesn't seem
to have much emotional insight or self-awareness.
The black woman detective is combing
her white adoptive mother who is not
going to recover from several recent strokes.
A suicidal parent is a shared talking point
and mark of character distinction in
what might have been a seduction scene
eating Bolognese with a suspect.
I'm not letting this get to me you understand
I was ok watching *Nigella Express*.

Di martedì

In *Silent Witness*, di Harry,
il giovane patologo protagonista,
si sa che ha una madre
che va in bicicletta alle letture di poesia
dando spessore immaginativo al goffo
profilo del figlio. Non vi pare che
i capelli ingelatinati in su siano perfetti?
Sappiamo che in realtà ama Emilia Fox
e chi non l'amerebbe: anche se lui non ne sembra
avere molto intuito emotivo né autoconsapevolezza.
La detective nera pettina
la madre bianca adottiva che non si
riprenderà dai diversi infarti subìti di recente.
Un genitore con tendenze suicide è argomento di conversazione
e segno di distinzione caratteriale in quella
che avrebbe potuto essere una scena di seduzione
mentre si mangia pasta alla bolognese con un sospettato.
Capite che non mi lascio toccare da tutto questo
mi sentivo ok guardando *Nigella Express*.

(Tr. Caterina Ricciardi)

When You Wish . . .

Boxes can seem to be presents
but bars get you the weight
of just-solid emulsion
brand name moulded in negative.
She leans back and shuts her eyes
in silky excremental colours –
say thirty pounds' worth of chocolate
because it is soft and easier to puke
with flecks of blood on vitreous china.
And the first sign of this anxiety
is one among the applications
to the hardship fund,
days on end like this
might as well stay in bed.

Rouge shadows the cheek bone
eyes enlarged with nylon fringes
little blonde astonishment. She likes
to walk just ahead through the park,
runs a few steps and slows at risk.
Little white leather boots and mini skirt.

Lock up when no-one's about
to try on the too-small jeans.
Who right away lies on the bed
when the visitor enters
a print by Patrick Proctor
called My Gardenia.
Slight folds on the lip skin
stand proud of the surface
tissue suffused to smoothness
of just-solid emotion
moulded in a block of scent
to give him the staggers
like oysters ripped open.
Spots of caviar on soured cream.
Dried porcini soaked overnight.
Will you or will you not give in?

The body image goes round
from adverts to street gaze
up the seams woven into nylon.
I am an emergent formation
inside this cellulite monster where

Quando tu desideri . . .

Le scatole possono sembrare doni
ma le tavolette ti danno il peso
dell'emulsione appena solida
la marca impressa in negativo.
Lei si piega indietro e chiude gli occhi
su serici colori escrementali –
diciamo trenta sterline di cioccolato
perché è molle e più facile da vomitare
con macchie di sangue su vitrea porcellana.
E il primo segno di quest'ansia
è una delle domande
al fondo d'emergenza,
giorni e giorni come questo
tanto vale stare a letto.

Del rouge ombreggia lo zigomo
occhi ingranditi da frange di nylon
piccola bionda meraviglia. Le piace
camminare appena avanti nel parco,
qualche passo di corsa e rallenta a suo rischio.
Stivaletti di cuoio bianco e minigonna.

Si chiude quando non c'è nessuno in giro
per provare jeans troppo stretti.
Che subito si stende sul letto
quando il visitatore entra in
una stampa di Patrick Proctor
intitolata La mia gardenia.
Lievi pieghe sul labbro
si inorgogliscono del tessuto di
superficie soffuso fino alla levigatezza
dall'emozione appena solida
formata in un blocco di profumo
per dargli le vertigini
come alle ostriche aperte a forza.
Macchie di caviale su panna acida.
Porcini secchi a mollo di notte.
Cederai o non cederai?

L'immagine corporea circola
dalla pubblicità allo sguardo di strada
lungo le cuciture intessute nel nylon.
Io sono una formazione emergente
dentro questo mostro di cellulite dove

intake instantly becomes body
and must be paid back in privacy
leaning on perfect white tiles.

She walks and turns and walks some more,
sees on whom the longing gaze
bestows a special glow;
the slim magic of sleeping beauty
wrapped in furs, touched with snow.
The light gait goes ahead
on a ribbon of flagstones tap tap tap tap.
A typist works late, goes Network South East
in a class of her own, home in fear
lays out food in microwave containers –
as any father who has a daughter
fears the perfidious and drunken monster
confined into this rock, prevented,
peopled else this isle with lookalikes.
Thus they waited in the garden
under the loose vine, secretly,
fearing the apeface in the mirror.

So was I then transfixed
in amazement by a flowering cherry
so laden with blossom
the pink and white petals
flecked with red, falling on shoulders
that glow strapless on a five day fast
chewing crisp coated appetite suppressants
nicotine gum, flavoured liquid bulk
of seaweed glue and apple fibre.

On the woodpath where oxlips peep
a runner passes at the edge of vision.
Some kind of thin fabric leggings
stomach tucked, looks like nothing at all.
Part of the lips removed
or sewn together with a tube or reed
inserted to ease the flow of fluids.
wires applied to fix the jaws
after surgery only liquid food
through a tube there inserted
and opened at the time of marriage
with a knife, fewer relapses
from this new treatment regime.

quanto si assume diventa subito corpo
e deve essere restituito in privato
poggiati su piastrelle di un bianco perfetto.

Lei cammina e si gira, e riprende a camminare,
vede a chi lo sguardo di desiderio
conferisce un lustro speciale;
l'esile magia della bella addormentata
avvolta in pellicce, toccata dalla neve.
L'andatura leggera procede
su un nastro di piastrelle tap tap tap tap.
Una dattilografa lavora fino a tardi, con il Network South East
in una classe tutta sua rincasa intimorita
dispone il cibo in contenitori a microonde –
come qualsiasi padre che ha una figlia
teme il perfido mostro ubriaco
confinato dentro questa roccia, immobilizzato,
perché non popoli quest'isola di suoi simili.
Così essi attesero in giardino
sotto il pergolato, in segreto,
temendo il volto di scimmia nello specchio.

Così fui allora trafitto di
stupore da un ciliegio in fiore
carico di boccioli
petali bianchi e rosa
screziati di rosso, cadenti su spalle
radiose senza spalline al quinto giorno di digiuno
masticando gomme rivestite antifame
alla nicotina, interno liquido al sapore
di colla d'alga e fibra di mela.

Sul sentiero dove spuntano le margherite
passa un podista al limite della visione.
Una sorta di sottile pantacollant
rimboccato allo stomaco, non sembra niente.
Parte delle labbra rimosse
o cucite insieme da una sonda o una cannuccia
inserita per facilitare il flusso dei fluidi.
fili applicati per fissare le mascelle
dopo l'intervento chirurgico solo cibo liquido
attraverso una sonda lì inserita
e aperta al tempo del matrimonio
con un coltello, meno ricadute
con questo nuove regime terapeutico.

A man in ear-muffs and overalls
strims cow parsley where it shades
bluebells and snakeshead fritillaries
in the reconstructed wildflower meadow.
Nylon chord rips through lush and juicy stalks
composing a self-sown woodland glade
with an adroit surgical motion,
leaving a whiff of petrol on the breeze.
Starving faces in the compound watch
multi-ethnic commercials on TV
the perfect remodelled features on screen,
relief grain sacks piled at the quayside
a convoy of burnt-out trucks on the road.

Who says that white means innocent?
Sugar and vanilla a Spanish idea
who kept the secret a hundred years
taken at the court of Montezuma.

Un uomo in tuta e paraorecchie
falcia cerfoglio dove dà ombra
a campanule e frittillarie
nel prato ricostruito di fiori di campo.
Una corda di nylon trafigge stillanti steli in rigoglio
componendo un'autoinseminata radura boschiva
con un'abile mossa chirurgica,
lasciando una zaffata di petrolio sulla brezza.
Volti affamati nel recinto guardano
pubblicità multietnica alla TV
i tratti perfettamente rimodellati sullo schermo,
i sacchi di aiuti umanitari impilati sulla banchina
un convoglio di camion bruciati sulla strada.

Chi dice che bianco significa innocente?
Zucchero e vainiglia un'idea degli spagnoli
che per cent'anni si tennero il segreto
carpito alla corte di Montezuma.

(Tr. Caterina Ricciardi)

From *Darwin*

There is a village under Slievemore Mountain known locally as the Deserted Village. If you think about this a little, it makes perfect sense. Producers of the US drama show 24 say they will cut the number of torture scenes. Studies on the mechanism underlying this effect should provide fundamental insights into the molecular and cellular basis of memory recall. Although each simplex is geometrically flat, they can be glued together in a variety of patterns to produce curved space times. The rings in one instance retained their luminous property nearly twenty-four hours after the insect's death. These pictures seemed to deserve to be better known. Leaving the coast for a time, we again entered the forest. The frequent occurrence of murder may be partly attributed to this habit. Time moves from left to right in the representation. Dust falls in such quantities as to dirty everything on board, and to hurt people's eyes; vessels have even run onshore owing to the obscurity of the atmosphere. One reason for choosing this species of opossum as the first marsupial genome to be sequenced is its long-standing role as a laboratory animal.

Paradise is a garden. It fits us then to be as provident as fear may teach us. What we see may be accompanied by a change in the soundtrack to what Hollywood calls exit music. Exhausted by his ordeal my father burst into tears of relief. These changes were effected in such a manner that clouds, varying in tint between a hyacinth red and chestnut brown, were continually passing over the body. In the virtual world you can look at behaviour in response to the disease. Data has come to be seen and used as a singular mass noun like information or news: the data is currently being processed. This is a forensic sentence. End credits are unusual in the gallery. An intention is embedded in its situation, in human customs and institutions. Did you see Gilbert and George on *Jonathan Ross*? Two kinds of geese frequent the Falklands.

Humans perceive the properties of a surface by interpreting visual input. On the basis of preliminary studies, we expect to identify several thousand sites of structural variation. The ending echoes the paratextual subversion of the pre-release poster, which read: '*The Birds* is coming'. The village was never occupied again, except as a boley village. All the little streams are bordered by soft peat, which makes it difficult for the horses to leap them without falling. Imagine Miller's naked body laid out on the white sands of a coral beach. When a histogram is positively skewed, apparent glossiness is increased. The authors argue that over time Paul Broca's conception of the area involved in speech processing has become simplified by others. Options had to be kept open at this stage so that the mind could travel hopefully towards some eventual synthesis, which lay beyond the poem's present horizon. About a third of children with autistic disorder develop temporal lobe epilepsy by adolescence. This is a legacy website of the University of Manchester;

Da *Darwin*

C'è un villaggio ai piedi del Monte Slievemore conosciuto in loco
come il Villaggio Abbandonato. Se ci pensi un po', fa perfettamente
senso. I produttori della serie americana *24* dicono che taglieranno
il numero delle scene di tortura. Studi sul meccanismo sottostante
tale effetto dovrebbero fornire informazioni fondamentali sulla
base molecolare e cellulare del processo memoriale. Sebbene ogni
simplex sia geometricamente piatto, li si può incollare insieme in varie
conformazioni per produrre spazi-tempo curvi.Gli aloni in un caso
conservarono la loro proprietà luminosa per quasi ventiquattr'ore dopo
la morte dell'insetto. Queste immagini sembravano meritare di essere
meglio conosciute. Lasciando la costa per un po', entrammo di nuovo
nella foresta. La frequenza di omicidi si può in parte attribuire a questa
abitudine. Il tempo si muove da sinistra a destra nella rappresentazione.
La polvere cade in tali quantità da sporcare tutto a bordo e nuocere
agli occhi; vascelli sono persino finiti a riva a causa dell'oscurità
dell'atmosfera. Una delle ragioni per la scelta di questa specie di
opossum come il primo genoma marsupiale a essere sequenziato è il suo
ruolo di lunga data di animale da laboratorio.

Il paradiso è un giardino. Ci conviene allora essere previdenti
nella misura in cui ci consiglia la paura. Ciò che vediamo può essere
accompagnato da un mutamento della colonna sonora in quella che
Hollywood chiama exit music. Stremato dal suo guaio mio padre
scoppiò in un pianto liberatorio. Questi mutamenti erano effettuati in
modo tale che le nuvole, variando colore dal rosso giacinto al bruno
castagna, passavano continuamente sopra il corpo. Nel mondo virtuale
il comportamento è analizzabile in rapporto alla malattia. In inglese
oggi si considera e si usa "data" come un nome singolare collettivo
al pari di "news": il data è attualmente in processo di elaborazione.
Questa è una frase forense. I ringraziamenti finali sono insoliti in una
galleria. Un'intenzione è incastonata nella sua situazione, nelle usanze
e istituzioni umane. Hai visto Gilbert e George su *Jonathan Ross*? Due
specie di oche frequentano le Falklands.

Gli esseri umani percepiscono le proprietà di una supeficie
interpretando l'input visuale. Sulla base di studi preliminari, ci
aspettiamo di identificare diverse migliaia di siti di variazione
strutturale. Il finale echeggia la sovversione paratestuale della locandina
prerelease che dice 'Gli uccelli è in arrivo'. Il villaggio non fu più
rioccupato se non per la transumananza. Tutti i corsi d'acqua sono
delimitati da molle torba, cosa che rende difficile ai cavalli saltarli senza
cadere. Immagina il corpo nudo di Miller steso sulla sabbia bianca di una
spiaggia corallina. Quando un istogramma è positivamente asimmetrico,
la lucentezza apparente aumenta. Gli autori sostengono che col tempo
la concezione di Paul Broca dell'area coinvolta nello speech processing è
stata semplificata da altri. In questa fase si dovevano lasciare le opzioni

the information it carries was frozen on 30 September 2004, and may no longer be accurate. From far off we heard the flight of the BUPA swan. When the insect was decapitated the rings remained uninterruptedly bright, but not so brilliant as before: local irritation with a needle always increased the vividness of light. Laminar flow control can be used on engines, wings, fuselage and tail.

These free-floating proteins bind to specific viral or bacterial proteins, disabling the invaders or labelling them for destruction. Pleasure is their capacity to choose well-known things. A boley village was populated in summer months by young people looking after cattle that grazed on the hillsides. Bowering impersonates Vancouver. After being imprisoned for some time in a ship, there is a charm in the unconfined feeling of walking over boundless plains of turf. In addition to gloss, perceived surface roughness and translucency also depend on image statistics. Caldeira and his colleagues reason that cooling the arctic requires much less material than cooling the planet as a whole.

The end sequences of each clone are mapped to the reference sequence. To measure the activity of individual neurons, which is crucial to the study of cognitive processes such as visual attention, electrodes must be directly inserted into a monkey's brain. She said she liked it best and did she like it best or did she change her mind upon seeing the other? Air sucked in through thousands of tiny holes near the wings eliminates turbulent flow and cuts drag. There are many physical dimensions of gloss that affect the perception of surface material. An intriguing example is lithium metal. That was my foray into neurobiology. This man had been trained into degradation lower than the slavery of the most helpless animal. I observed this phenomenon on several occasions. It takes thirty turbines to reach a kill rate of one bird a year.

aperte sì da permettere alla mente di viaggiare verso una qualche sintesi finale, collocata oltre l'orizzonte presente della poesia. Circa un terzo dei bambini con problemi autistici sviluppa un'epilessia del lobo temporale entro l'adolescenza. Questo è un website ereditato dall'Università di Manchester; l'informazione che contiene è stata congelata il 30 settembre 2004, e potrebbe non essere più accurata. Da lontano udimmo il volo del cigno BUPA. Quando l'insetto fu decapitato gli aloni rimasero ininterrottamente luminosi, ma non brillanti come prima: l'irritazione locale con un ago ha sempre aumentato la vividezza della luce. Si può usare il controllo del flusso laminare sui motori, le ali, la fusoliera e la coda.

Queste proteine libere si legano a specifiche proteine virali o batteriche, disabilitando gli invasori o marcandoli per la distruzione. Il piacere è la loro capacità di scegliere cose ben note. Un villaggio per la transumananza veniva abitato nei mesi estivi da giovani pastori di bestiame al pascolo sulle colline. Bowering impersona Vancouver. Dopo essere stati imprigionati per qualche tempo in una nave, subentra l'incanto della sconfinata sensazione di camminare su illimitate pianure di torba. In aggiunta alla lucentezza, la percezione della ruvidezza e traslucidità della superficie dipende anche dalle statistiche di immagini. Caldeira e i suoi colleghi sostengono che il raffreddamento dell'Artico richieda molto meno materiale del raffreddamento dell'intero pianeta.

Le sequenze terminali di ogni clone sono mappate nella sequenza di riferimento. Per misurare l'attività dei singoli neuroni, che è cruciale allo studio di processi cognitivi come l'attenzione visiva, elettrodi devono essere inseriti direttamente nel cervello di una scimmia. Disse che le piaceva di più e le piaceva di più o cambiò opinione quando vide l'altro? Aria risucchiata attraverso migliaia di piccoli buchi vicino alle ali elimina il flusso turbolento e diminuisce l'attrito. Ci sono molte dimensioni fisiche della lucentezza che influiscono sulla percezione della materia di superficie. Un esempio interessante è il litio. Fu la mia incursione nella neurobiologia. Quest'uomo era stato addestrato a un degrado più basso della schiavitù dell'animale più inerme. Ho osservato il fenomeno in diverse occasioni. Ci vogliono trenta turbine per uccidere una media di un uccello all'anno.

(Tr. Caterina Ricciardi)

BILJANA D. OBRADOVIĆ

Nail Cutting

August 9, 2004

I can cut my baby son's nails
     only when he's in deep sleep, and
at least an hour into it,
     usually during the day
as the light is better. I can't
     see his tiny fingernails
even with my bifocals and
     if I should wake him
at least he would have slept a while.
     When the small nail clippers touch
his nails and I press them down
     to cut he moves his hand or toe
as even in his sleep he's resisting
     and doesn't want me to do it.
But I hold him gently, continue
     till I cut all of them on both hands
once every two weeks, and the toe nails
     which don't grow as fast—once
every month. The frail nails when
     they grow can bend sometimes in
between the clippings, and often
     get dirt under them,
even though I bathe him every night.
     It's easier now at sixteen months,
unlike before when I thought
     I'd cut the whole finger off.

BILJANA D. OBRADOVIĆ

Tagliare unghie

9 agosto 2004

Posso tagliare le unghie del mio bambino
     solo quando dorme profondo, e
almeno da un'ora,
     di solito di giorno
quando c'è più luce. Non riesco
     a vedere le sue unghiette
nemmeno con le lenti bifocali, così
     se per caso lo sveglio
almeno avrà dormito un po'.
     Quando le tronchesine toccano
le sue unghie e io premo
     per tagliare lui muove la mano o il piede
e anche nel sonno fa resistenza
     e non vuole che tagli.
Ma lo tengo gentilmente, continuo
     finché ho passato tutte e due le mani
una volta ogni quindici giorni, e le unghie dei piedi
     —che crescono meno—una volta
al mese. Le morbide unghie quando
     crescono a volte si piegano fra
un taglio e l'altro, spesso
     hanno dello sporco sotto,
anche se gli faccio il bagno ogni sera.
     E' più facile ora a sedici mesi,
mentre prima mi sembrava magari
     di avergli tagliato tutto un ditino.

(Tr. Massimo Bacigalupo)

The Feeding on the Meadow

The woman with gigantic breasts,
          stretched out in their nudity
was slightly shaken when someone
          out of nowhere grabbed her
breaking up her uncovered temporary
          witnessing of nature's symptoms.
She wasn't resisting the harsh intruder,
          wasn't irritated that he searched
for her one protuberance. She invited him,
          and soon the dropped fruit
filled him up and he thrived
          there, on the verge of ecstasy.
Her maternal doting continued to scatter
          until her baby fell asleep in her arms.

Allattare sul prato

La donna dalle mammelle gigantesche,
        distese nella loro nudità
fu appena turbata quando qualcuno
        venuto dal nulla la afferrò
interrompendo la sua temporanea osservazione
        scoperta di sintomi naturali.
Non fece resistenza al rude intruso,
        non fu irritata che egli andasse cercando
la sua protuberanza. Lo invitò,
        e presto i frutti caduti
lo riempirono e lui se ne nutrì,
        alla soglia dell'estasi.
La passione materna continuò a fluire
        finché il bambino le si addormentò fra le braccia.

(Tr. Massimo Bacigalupo)

Siesta Just Before Lunch

for Brigitte and Patrizia de Rachewiltz

The baby is asleep and I can sit outside,
try to dry the wet spots on my clothes.
I had to wash the drops of food
splattering on me as I had fed him lunch.
The sun shines even in the overcast sky,
filled with clouds, and the distant high
mountain peaks filled with snow. On the
castle's faculty apartment balcony
the cool breeze fans my face, the sound of
cicadas in the trees below,
the lawn mower with the smell
of the freshly cut grass. I can still
taste the breakfast coffee, the sliced
mortadella on black Tyrolian bread.
Soon it'll be time for lunch, and
another of Brigitte's famous entrees.
What will she make today? Yesterday,
she had chicken kabobs over colorful rice
with cumin, raisins, a salad, a fruit cocktail.

The castle wine was on the table
and I sipped it as Patrizia told me
how (after seeing Petar pick little
pieces of lint off the window) her son,
Damien, once when they'd come to visit her
grandmother, Olga, had noticed
the price tag on her dress. Poor, old woman
hadn't even noticed, but the baby had.
Who was more embarrassed?
The grandmother or the baby's mother?
Babies know no shame.

Siesta poco prima di pranzo

a Brigitte e Patrizia de Rachewiltz

Il piccolo dorme e posso sedermi fuori, cerco
di far asciugare le macchie bagnate sul vestito.
Ho appena lavato la pappa che mi è
scolata addosso mentre gli davo da mangiare.
Il sole brilla anche nel cielo coperto,
chiuso da nuvole e dalle lontane vette
nevose. Sul balcone dell'appartamento
per gli insegnanti di Brunnenburg
la brezza mi rinfresca la faccia, sugli
alberi sotto friniscono le cicale,
il tosaerba odora di fieno
appena tagliato. Ho ancora in bocca
il gusto della prima colazione, caffè e mortadella
affettata sul pane scuro del Tirolo.
Fra poco sarà ora di pranzo,
un altro degli ottimi piatti di Brigitte.
Oggi cosa starà preparando? Ieri,
spiedini di pollo su riso multicolore
con cumino, uvette, insalata, macedonia.

Il vino di Brunnenburg era in tavola,
lo sorseggiavo mentre Patrizia raccontava
(dopo aver visto Petar staccare schegge
di vernice dalla finestra) che suo figlio,
Damien, una volta che visitavano la bisnonna
Olga, aveva notato sul suo vestito
il cartellino col prezzo. La povera vecchia
non se n'era nemmeno accorta, ma il bambino sì.
Quella volta chi provò maggiore imbarazzo?
La bisnonna o la madre?
I bambini non hanno vergogna.

(Tr. Massimo Bacigalupo)

Unusual Phenomenon

On Il Redentore Festival (the plague
end's celebration) in Venice we pushed
our baby son in his carriage and crossed
the pontoon bridge across the Giudecca
for the first time even though we had
been here before on this July celebration.
The pontoniers had been building it all day long.
Thousands of tourists walked back and forth.
I went inside the church built in honor of all who died,
lit a candle for our health with few worshippers.

We watched the fireworks by the Accademia bridge,
packed with people. Then spent a day on the Venetian
islands, Burano and Torcello, after a visit to
Pound's and Olga's graves on San Michele,
the *Cimitero*. On Burano we bought lace
and jewelry, and ate lunch at Pound's favorite, Da Romano,
the usual: I a grilled *branzino*, John the *frutti di mare*,
just like the other night at Montin, in the garden
outside covered with vines.
Back home, after the festive weekend,
at Brunnenburg, we went out onto
the balcony and saw a double rainbow
on the hill, yet no rain had fallen.
The next day the local newspaper covered
this unusual phenomenon, while Patrizia
said it must've happened because Graziella
had just watered the plants in the garden.

Fenomeno inconsueto

Al Redentore (la festa per la fine
della peste a Venezia) abbiamo sospinto
il bambino in carrozzina attraverso
il ponte galleggiante sulla Giudecca,
per la prima volta anche se eravamo
già stati a questa festa di luglio. Per tutto
un giorno i battellieri ci avevano lavorato.
Migliaia di turisti andavano e venivano sul ponte.
Entrai nella chiesa eretta in memoria delle vittime,
per accendere con pochi altri una candela per noi.

Guardammo i fuochi d'artificio dal ponte dell'Accademia,
fra la folla. Poi passammo un giorno sulle isole
veneziane, Burano e Torcello, dopo una sosta alle
tombe di Pound e Olga a San Michele,
il cimitero. A Burano comprammo pizzi e gemme
e pranzammo al posto preferito di Pound, Da Romano,
solito menù: io branzino alla griglia, John frutti di mare,
proprio come qualche sera prima da Montin, nel giardino
all'aperto sotto la pergola.
Rientrati a casa, a Brunnenburg, dopo
il fine settimana di vacanza, uscimmo
sul balcone e vedemmo un doppio arcobaleno
sul monte, anche se non c'era stata pioggia.
Il giorno dopo il giornale locale riferì
il fenomeno inconsueto, ma Patrizia
disse che doveva essere stato perché Graziella
aveva appena innaffiato il giardino.

(Tr. Massimo Bacigalupo)

Old Ez Folds His Blanket: A Cento for the Era

1.

Mother Morning, guardian in the storm
bright hawk no hood shall blind
and the wave concealed her
      dark mass of water
      Leucothea / Leucothoe
had pity of wandering Ulysses
but the child played under the wave
      Venus-Aphrodite ex aquis nata,
after 500 years still sacrificing to that gull
each one in the name of his god

God's bikini (my bikini is worth your raft)
born of sea-foam
      Leucò, Pavese joked,
the wind also is of the process   道
      lighter than air under Hesperus
and Hyperion's son, lingering to look on her,
lengthened the hours of the winter days

lux in diaphana
lux in an age of pestilence –
      metathemenon   [currency fraud]
      Elika's oilspill blackens bird and furred beast
      we are not yet out of *that* chapter—
lux in the opacity of an entropic world

Il vecchio Ez ripiegò le coperte: un centone per l'Era

1.

Mater Matuta, protettrice nella bufera
falco luminoso che nessun cappuccio acceca
poi l'onda la nascose
      oscura massa d'acqua
      Leucòthea/Leucòthoe
ebbe pietà di Ulisse vagabondo
ma la bambina giocava sotto l'onda
      Venere-Afrodite ex aquis nata,
dopo 500 anni ancora sacrifici per il gabbiano
ciascuno nel nome del suo dio

Il bikini di Dio ("il mio bikini vale la tua chiatta")
nata da schiuma di mare
      "Leucò", scherzò Pavese
anche il vento è parte del processo   道
      più leggera dell'aria sotto Espero
e il figlio d'Iperione, indugiando a guardarla,
allungò le ore dei giorni invernali

lux in diaphana
lux in un'era pestilenziale—
      metathemenon   [frode monetaria]
      Perdita di petrolio dall'*Elika* imbratta piume e setole
      ancora non siamo fuori da *quel* capitolo—
lux nell'opacità di un mondo di entropia

2.

What a wail
if a sudden destruction were to fall
on the treasures of the National Gallery, and the marbles in the British
Museum,
and the old prints and illuminations
of the King's Library—
And these only the work of imperfect hands
perishable material
the silken cocoons of the dead moths
that continue to shine when the artist's hand and brain are dust.
Man has the long day of life before him in which to do again things like
these, and
better than these,
but the forms of life in the higher vertebrates are Nature's perfect work;
and the life of a single species is of greater value,
for what it teaches and would continue to teach
than all the marbles and canvases the world contains;
though doubtless there are many persons devoted to art,
but blind to some things greater than art,
who will set me down as a philistine for saying so.

Machiavelli tells of the Countess of Forlì, her children lost, mounting the
wall, lofting her skirts–showing she still had the mould for casting more.

2.

Quanti lamenti
se improvvisa distruzione toccasse
i tesori della National Gallery e i marmi del British Museum,
      e le vecchie stampe e pagine miniate
      della King's Library—
E queste solo opere di mani imperfette
      materiali deperibili
      bozzoli di seta di bachi morti
      che continuano a brillare quando la mano e la mente dell'artista
                                sono polvere.
L'uomo ha davanti a sé il lungo giorno della vita in cui rifare cose come
                                  queste, e
      migliori di queste,
ma le forme di vita nei vertebrati evoluti sono opera perfetta della natura;
      e la vita di una singola specie è di maggior valore,
      per quello che insegna e continuerebbe a insegnare
      di tutti i marmi e quadri che il mondo contiene;
anche se di certo ci sono molte persone devote dell'arte,
      ma cieche a cose maggiori dell'arte,
      che mi giudicheranno un ignorante se lo dico.

Machiavelli racconta che la Contessa di Forlì, perduti i figli, salì sugli
spalti, alzò la gonna, e mostrò che "aveva ancora lo stampo" per farne
altri.

3.

Leucothoe, Leucothea, incense and seagull
fatto con intenzione, out of similitude,
    any religion is many religions
    mistakes become metaphors
    blacks in Louisiana called the Seeburg jukebox
                                     Seabird
    the blue darter hawk, the *bluedollar* hawk

kindness of her hands
    Kannon at Horyuji, Yakushiji, Nara
    Hagoromo, the veil, Demeter's shawl
    moon nymph immaculata
a cup of white gold from Helen's breast
    the wave pattern: water, stone, light
    canzone degli uccelli
the harl, feather-white, as dolphin on sea-brink

Old Ez folded his blankets
Neither Eos nor Hesperus has suffered wrong at my hands
    新 clears away underbrush
    親 looks with paternal affection
    草 on what grows
paw tap, wave flap—Toba Sojo's animal scroll

           国破れて   *kuni yaburete*
           山河在り   *sanga ari*
           kingdoms fall
           mountains and rivers remain

                        1999年12月31日
               Annus 77 post scriptum Ulixes
                            Rapallo

Sources: Ezra Pound, Cantos 74, 75, 79, 83, 91, 92, 96, 97, 100, 110; "[W. H.]
Hudson: Poet Strayed into Science," *Selected Prose*. Ovid, *Metamorphoses*, Bk. IV.
杜甫 (Toho), "春望"(Shunboh). Massimo Bacigalupo, "The Strange Textual Case
of Ezra Pound's Cantos," *English Studies in Africa* 42.1 (1999): 63-68.

3.

Leucòthoe, Leucòthea, incenso e gabbiano
"fatto con intenzione", per somiglianza,
      ogni religione è molte religioni
      errori diventano metafore
      i neri in Louisiana chiamavano il jukebox marca Seeburg
                                Seabird
      il falco detto "blue darter", *bluedollar*

generosità delle mani di lei
      Kannon a Horyuji, Yakushiji, Nara
      Hagoromo, il velo, lo scialle di Demetra
      ninfa lunare immacolata
una coppa d'oro bianco dal seno d'Elena
      il disegno dell'onda: acqua, pietra, luce
      canzone degli uccelli
la penna, bianco di piuma, come delfino al limite del mare

Il vecchio Ez ripiegò le coperte
Né Eos né Espero hanno subito torti dalle mie mani
      新 ripulisce il sottobosco
      親 guarda con affetto paterno
      草 ciò che cresce
zampettio, risciacquio—il rotolo degli animali di Toba Sojo

      国破れて   *kuni yaburete*
      山河在り   *sanga ari*
      regni cadono
      monti e fiumi rimangono

*1999*年12月31日
Annus 77 post scriptum Ulixes
Rapallo

Fonti: Ezra Pound Canti 74, 75, 79, 83, 91, 92, 96, 97, 100, 110; "Hudson: Poet Strayed into Science," in *Selected Prose*. Ovidio *Metamorfosi* IV. 杜甫 (Toho), "春望" (Shunboh). Massimo Bacigalupo, "The Strange Textual Case of Ezra Pound's Cantos," *English Studies in Africa* 42.1 (1999): 63-68.

(Tr. Massimo Bacigalupo)

Alba

The night in April
makes my hair stand up
bends my ear to the sap
in the hornbeam
to rossignols and frogs
in the singing swamp.

Starlight order is severe
over the pointing cypress
but a little lower
among the echelons
Eve is standing
startled at a window.

The night was – active –
white and black – I must have
slept before dawn
stubbly and broad waking
on a branch of the low heaven
my head level with yours.

STEPHEN ROMER

Alba

La notte d'aprile
mi fa rizzare i capelli
mi inclina l'orecchio alla linfa
nel corniolo
a usignoli e ranocchie
nello stagno canoro.

Severo è l'ordine stellare
sopra il cipresso acuminato
ma un po' più in basso
tra gli scaglioni
Eva sta ritta innanzi
a una finestra, stupita.

La notte fu — attiva —
bianca e nera – devo aver
dormito prima dell'alba
ispido e spazioso risveglio
su un ramo del basso cielo
la mia testa al livello della tua.

(Tr. Stefano Maria Casella)

Heimkunft

Ruhig glänzen indes die silbernen Höhen darüber,
Voll mit rosen ist schon droben der leuchtende Schnee.
—Hölderlin

And then one day the young master returns
from a dark place
and birdsong leads the wanderer in
and the cat yawns and curls again
in the headiness of this instant
the house is fragrant
with woodsmoke and honeysuckle

which is a kind of accomplishment.

Returning from dogma
home to the humane
he lays aside
knapsack, alpenstock and hat,
goes straight to the piano
sits bolt upright and picks out
1 2 3 of the *Wohltemperirte*.

The *Bildungsroman*, his own,
is unopened on the table,
but let it be, let
the elevation last – for it must fall –
a moment longer.

The blue dome is tense, the gods are close.

Everything is possible.

Heimkunft

Ruhig glänzen indes die silbernen Höhen darüber,
Voll mit rosen ist schon droben der leuchtende Schnee.
—Hölderlin

E un giorno poi torna, il giovane maestro
da un luogo oscuro
e canto d'uccelli fa entrare il viandante
sbadiglia il gatto e si ri-aggomitola
nell'ebbrezza di questo istante
fragrante è la casa
di fumo di legna e caprifoglio

il che è già un risultato.

Rincasando dal dogma
all'umano
lui depone sacco, bastone e cappello
va dritto al piano,
siede ritto e suona
Uno Due Tre dal *Wohltemperirte*.

Il *Bildungsroman*, il suo,
sta chiuso sul tavolo,
ma lascialo, lascia
durare l'elevazione – che presto calerà –
un momento di più.

Tesa è la cupola blu, vicini gli dèi.

Ogni cosa è possibile.

(Tr. Stefano Maria Casella)

Dismantling the Library

The removal of the honeycomb
or the hornet's nest
layer by layer

is not what I thought, I did not say
this is my store, my sweetness,
my distillate, I did not feel
that here, at least,
I am lord of all I survey

but noted rather, dismayingly,
how many had lain unread
like this *Modern Turkish Poetry*
or this unputdownable Life of Tolstoy

and how even the lovely foxed familiars
retired behind their covers
as if I had to begin again
and come upon them as a stranger.

Smontando la libreria

La rimozione del favo
o del nido di calabroni
strato dopo strato

non è come pensavo, non avevo detto
questa è la mia scorta, mia dolcezza,
mio distillato, non avevo sentito
che qui, almeno,
sono signore di tutto ciò che abbraccio con lo sguardo.

ma piuttosto avevo notato, sgomento,
quanti erano rimasti non letti
come questo *Modern Turkish Poetry*
o questa irresistibile Vita di Tolstoi

e come anche quelli cari ingialliti familiari
si fossero ritirati dentro le loro copertine
come se io dovessi ricominciare
e sorprenderli come un estraneo.

(Tr. Stefano Maria Casella)

Evohe! Evohe!

In a peal of vowels
before bedtime
the figure dancing in the downpour
sets up her *ololuge*
just beyond the porch,
a Maenad in the lightnings
Evohe ! Evohe ! Io ! Io !
Look at me ! Look at me !
Twined in her hair
a stick of celery
"as used in the Games at Corinth"
-- but what is that to her? --
she is danced by the storm...

And I say to the seven-year-old
Catullus of the future,
young man, your poems are assured,
but your heart—*your heart !*

Evoè! Evoè!

In uno scorscio di vocali
prima del sonno
la figura che danza nell'acquata
intona il suo *ololuge*
appena dietro il portico,
Menade nei lampi
Evoè! Evoè! Io ! Io !
Guardami ! Guardami !
Intrecciato nelle chiome
un gambo di sedano
"come usava nei Giochi a Corinto"
-- ma cosa importa per lei? --
lei, danzata dalla tempesta...

E io dico al settenne
Catullo del futuro,
giovanotto, i tuoi versi sono robusti
ma il tuo cuore—*il tuo cuore !*

(Tr. Stefano Maria Cusella)

Yellow Studio

Vuillard's studio, Château des Clayes...
The corner is hard to judge
where the paintings in the painting are pinned
on the yellow wall (the *mise en abyme*
will be the end of me)

in this gleaming Institute of Donors,
this imperial temple
raised from the muck and blood
of the stockyards, out of hog-squeal
and cost-efficient slaughter

at the end of Millennium Park
where the towers crowd and crane
in an ogre's silver egg,
the concentration of capital
in a cunning device.

I stare with nostalgia, with homesickness
into Vuillard's yellow studio
and I know the place
absolutely, it is that humane
heaven of drapes and turpentine

where I shall at last lie down
on the lumpy mattress
with the stripy bedspread
below the little skylight—
my sweet, autarchic rest.

Studio giallo

Studio di Vuillard, Château des Clayes . . .
Difficile giudicare l'angolo
dove i quadri nel quadro sono appesi
sul muro giallo (la *mise en abyme*
sarà la mia fine)

in questo splendente Istituto dei Benefattori
questo tempio imperiale
innalzato dal sangue e dal fango
dei mattatoi, dagli strilli di maiali
e dal macello pianificato

alla fine del Millennium Park
dove torri s'affollano e s'innalzano
nell'uovo argenteo di un orco,
concentrazione di capitale
in congegno scaltro.

Fisso con nostalgia, nostalgia di casa,
lo studio giallo di Vuillard
e conosco il luogo
assolutamente, è quel cielo
umano di panneggi e trementina

dove alla fine poserò
sul pagliericcio tutto bernoccoluto
con il copriletto a strisce
sotto il piccolo lucernario:
mio dolce, autarchico riposo.

(Tr. Stefano Maria Casella)

The Rewiring

Clattering zing of the tram, motorino flash
and growl, exhaust and garlic gusts, sweat tang,
urine and bread on the breeze and the sweet grief
of tarnished saxophone, accordion's tattered wheez,
boom
          ing noonquake of Gianicolo cannon and
bells, all the push and babbleshriek, all the duets
of greeting, markethaggle, flawless sybaritic clusters
of grapes, pomodori, all the catstretched Ciaos and
the perfect stiletto posture clicking the heaving cobbles
that leave you wobbling
                         past a gallows of salami,
a fishschool of bananas, over the walled-in, restless,
resentful river, imperial jags and jumbles through
ringing rills of sunlight spraybounced into fountain,
showered, veiled over marble muscle, so much
texture, so much color, so much . . .
                              Rome fancies
your every Puritanical, carnal inch, rewires you,
viruses you, rushes you with visionary blazes, cascades
of memory, incandescent logic—everything you've ever
read, beheld, conceived, foreseen comes at you from
the battered flutes of a fallen column, the haughty toss
of a handsome head, the cunning, theatrical stoop
of a beggar, flaking paint, abundant verdant
balcony . . .
          And here's the soaring, vain intimidation
of the Circus side of the Palatine, the shaped green
absence at its feet hauling eyesight out of your head
like harpoon rope, like fireworks. How can you see
for all this seeing? Already you need the nap that's
five weeks in the future . . .
                         STOP. Light crumbles
against the faceless faces of the Tiber Island herms:
Here: Touch their chalky cheeks: Touch them:
Catullus may have: And Clodia, Cicero, Ovid,
Cleopatra, Anna Magnani . . .
                         But Roma shoulders you on,
pulls and jostles you, courses through the cords and
channels of your sagging, aching body with all the be-
wildering intensities of childhood and sex, searing

RON SMITH

Ti ritempra

Sibilo sferragliante di tram, lampo e ringhiare
di motorini, ventate di scarichi e aglio, tanfo di sudore,
piscio e forni nella brezza, e il dolce dolore
di un sassofono brunito, ansimare lacero di armonica,
BUUUM
                   di meridiano terremoto, cannone e campane dal
Gianicolo, tutto lo spintonare urlare chiacchierare, tutti i duetti
di saluto, il mercanteggiare, gli immacolati sibaritici
grappoli d'uva, pomodori, i "ciao" languidi e felini,
il perfetto passo su tacchi a spillo che trafigge sampietrini
dissestati ti fanno barcollare
                                        sotto una forca di salami,
uno sciame di banane, sopra il fiume canalizzato, indocile,
risentito, sporgenze e detriti imperiali attraverso
ruscelli sonori di sole rimbalzanti schiumanti nelle fontane,
traboccanti a veli su muscoli di marmo, quante
venature, quanto colore, quanto . . .
                                        Roma ti carezza
ogni pollice puritano e carnale, ti ritempra,
ti contagia virale, ti sospinge con lampi visionari, cascate
di memorie, logica incandescente: tutto quello che nella vita hai
letto, guardato, concepito, immaginato ti investe dalle
scanalature corrose di una colonna coricata, lo scatto altero
di una bella testa, la deformazione furba e teatrale
di un mendicante, scaglie di intonaco, abbondante verde
di balcone . . .
                   Ed ecco la suprema altera intimidazione
del Palatino dove dà sul Circo Massimo, la verde forma
assente ai suoi piedi ti strappa lo sguardo dalle orbite
come un arpione, come razzi. Possibile vedere
con tutto questo vedere? Già desideri il sonno
che avrai fra cinque settimane . . .
                                        STOP. La luce si sfarina
sulle facce senza volto delle erme dell'Isola Tiberina:
ecco: tu tocca le loro guance gessose: toccale:
forse l'ha fatto Catullo, e Clodia, Cicerone, Ovidio,
Cleopatra, Anna Magnani . . .
                                        Ma Roma ti sospinge,
ti tira e strattona, scorre nelle corde e
vene del tuo corpo piegato, dolorante con tutte le scon-
volgenti intensità dell'infanzia e del sesso, marchiandoti di

awareness of eternity's turbulence, irrevocable change,
heartless, yes, heartless continual renewal . . .

consapevolezza dell'eterna turbolenza, dell'irrevocabile mutare,
dello spietato, sì, spietato continuo rinascere. . .

(Tr. Massimo Bacigalupo)

Pisa

I found roses
　　　　at the DTC, no
　　　DTC, heat
　　　　　　　and dusty sunlight, an asphalt road,
another.
　　　Brown hills not too distant,
companionable.
　　A field of dusty light

in a plain between Via Aurelia and the closed horizon.

　　　　"GARDEN/ROSES/GARDEN"
　　　　　　English under a striped awning,
the cheerful horticulturalist
　　　　or security guard knew
　　　no inglese and no one, nope,
　　　　　　named Pound. I was young

though I did not know it, am sixty
　　　as I write this. No
plaques, epigraphs, nothing

　　　　　　　but unstaked tomatoes plump on the ground,
roses healthy, roses blasted, some bronzed
　　　　at the edges. August,
　　　　　　　chiuso per ferie,
　　　　　　　ambiguous humid spaces
tracked between book and map,
　　　guesses, hints, deliberate misdirections, between
a Roman road and a geological wrinkle.

Neat in a row: corrugated warehouses, whiff
　　　　　of rosemary, breeze whisper,
　　　one pink scar on a line of brown hills. Mountains,
let's say mountains.

　　　Can you see the Campo dei Miracoli from there,
off to the right? No, yes. Which
　　　　　　　is memory's shimmer?
　　　　Seeing and seeing. Something
　　　　　　　　like ashes in the tilting air.

Pisa

Ho trovato delle rose
            nel DTC, niente
      DTC, calura
                  e sole polveroso, una strada asfaltata,
poi un'altra.
            Colline brune non lontane,
amichevoli.
      Un campo di luce polverosa

nella pianura fra l'Aurelia e l'orizzonte chiuso.

            "GARDEN/ROSES/GARDEN"
                  in inglese sotto un tendone a strisce,
l'allegro floricultore
            o custode non sapeva
            l'inglese e nessuno, proprio nessuno,
                  citò Pound. Ero giovane

anche se non lo sapevo, ho sessant'anni
            mentre scrivo. Nessuna
targa, epigrafe, niente

            solo pomodori senza sostegni, massicci sul terreno,
rose sane, rose rovinate, alcune mangiate
      all'orlo. Agosto,
                  chiuso per ferie,
                  umidi spazi ambigui
rintracciati fra libro e cartina,
      ipotesi, suggerimenti, indicazioni deliberatamente fuorvianti, fra
una via romana e una falda geologica.

Netti in fila: deposito di ondulato, ventata
            di rosmarino, sussurro di brezza,
      una cicatrice rosa su una linea di brune colline. O monti,
diciamo monti.

      Riesci a vedere da qui il Campo dei Miracoli,
laggiù a destra? No, sì. Qual è
                  il barbaglio della memoria?
            Vedere e ancora vedere. Qualcosa come
                        cenere nell'aria che si alza.

                                    (Tr. Massimo Bacigalupo)

Shithouse

In the shithouse
            Pound finds Whitman.
        In the shithouse
                Pound hears the voice of God contending
        that the war is over.
The Kosmos has pitched Its tent
                in the place of excrement—
                        no Pound
            in the goddamn paperback, whadjya expect?

Facing death, EP dreams of restaurants, mainly
                European, records
        that Emmet Till's father buys the farm
                                in howunlikely Italy,
the boys in charge, all of a whiteness . . .

        The Man of the Moment declines the future,
    no allusion in that well-stocked head
                to the son, of course, who's a decade away
from his whistling fate in Money, Mississippi. The falling tower

            and the fallen Fascists each get a nod.
        So. Let's make Pound think
                he should sit in the stinkdark all day
        to see what else
                might come along.

Latrina

Nella latrina
      Pound trova Whitman.
      Nella latrina
           Pound sente la voce di Dio sostenere
      che la guerra è finita.
Il Cosmo ha piantato la tenda
      nel luogo degli escrementi . . .
           Di Pound non c'è un bel niente
      nel dannato paperback, che t'aspetti?

Davanti alla morte, E.P. sogna ristoranti, soprattutto
      europei, nota
      che il padre di Emmet Till crepa
                nell'improbabile Italia,
i ragazzi ai posti di comando, tutti un biancore . . .

      L'Uomo del Momento declina il futuro:
      nessuna allusione, ovviamente, in quella ricca testa
           al figlio che dieci anni dopo
sarà linciato per un fischio a Money, Mississippi. Qualche

      accenno invece alla Torre pendente e ai fascisti pendenti.
      Sicché: diciamo che Pound pensa
           che dovrebbe star seduto tutto il giorno nel tanfo buio
      per vedere che altro
                potrebbe capitare.

                                    (Tr. Massimo Bacigalupo)

DTC

A kind of ideogram: the U.S. capital
        planted, penetrated, parted
                not with George's enlightened phallus
      but this crude cross.
                    A rood for the rude,
          it fit him to a T.

We made him suffer, suffered him
        to go on scattering
what he called Cantos
           across the page,
        across the world. We didn't know

                we'd broken him, that child
of the First Amendment swaddled
          then entombed in an artless country always
      out of date, nor did *he* know
            when Meacham drove him

      to the Capital of the Confederacy,
           with its traitors embalmed in bronze
above the traffic, nor at Brunnenburg,
                with its Roman tower
           facing off with a California Redwood.

      And did he not
eat of the honey-comb since, did he not
                   go on growling? Not the spirit broken

      but something deep inside that seeped
        silence, then darkness, blackness out of the bleached
bones of the skull, spiraling inward . . . Release.

It was like pulling the spear from Julian's side.
      A Roman spear, they say, not a Persian one.

DTC

Una sorta di ideogramma: la capitale U.S.A.
         piantata, penetrata, spaccata
                 non dal fallo illuminato di Washington
         ma da questa rozza croce.
                         Un legno per i rozzi,
                 gli somiglia a puntino.

Lo facemmo soffrire, gli consentimmo
         di continuare a spargere
quelli che chiamava canti
                 per la pagina,
                 per il mondo. Non sapevamo

                 che lo avevamo spezzato, quel figlio
del Primo Emendamento fasciato
                 e poi inumato in un paese senz'arte sempre
         arretrato, e nemmeno *lui* lo sapeva
                 quando Meacham lo accompagnò in auto

         alla Capitale della Confederazione,
                 coi suoi traditori imbalsamati nel bronzo
alti sul traffico, né a Brunnenburg,
                         con la sua torre romana
                 dirimpetto ai pini californiani.

         Forse che non si cibò
del miele del favo, che non continuò
                 a ringhiare? Spezzato non nello spirito

         ma in qualcosa di profondo e interiore che emanava
                 silenzio, poi buio, nero dalle ossa
sbiancate di teschio, un vortice interno. . . Liberazione.

Era come estrarre la lancia dal fianco di Giuliano.
         Una lancia romana, non persiana, raccontano.

                                         (Tr. Massimo Bacigalupo)

C.K. STEAD

Rapallo: An Economy

for Massimo Bacigalupo

1.

Think sea
cypresses and saints—
this is what we sailed from
to invent the world;
this is where the world returns
to discover itself.

Stone piled on
stone:
endless renewal.

Like the seasons
Rome came and went;
like God
it issued large instructions
largely ignored.

2.

I am history
banging on,
a broken shutter
hanging by one hinge
in a window
of the Hotel Villa Cristina.

Fishermen sailed out
and back at evening;
soldiers who marched west
marched east again.
Now it's tourists
arrive and depart.

I see the storm
before it strikes;
I watch the violinist at midnight

C.K. STEAD

Rapallo: un'economia

per Massimo Bacigalupo

1.

Pensa mare
cipressi e santi—
è da qui che salpammo
per inventare il mondo;
è qui che il mondo ritorna
per scoprire se stesso.

Pietra appoggiata su
pietra:
infinito rinnovarsi.

Come le stagioni
Roma venne e se ne andò;
come Dio
promulgò vaste istruzioni
per lo più ignorate.

2.

Io sono la storia
che continua a rintronare,
un'imposta rotta
appesa a un solo cardine
in una finestra
dell'Hotel Villa Cristina.

Pescatori presero il largo
e rientrarono a sera;
soldati marciarono verso ovest
e poi marciarono verso est.
Ora sono turisti
che arrivano e partono.

Vedo il temporale
prima che scoppi;
guardo la violinista a mezzanotte

hitch up her skirts
and change her shoes
before climbing the salita
to Sant' Ambrogio.

Behind my back
sleep happens
and waking
and sex.

3.

Between double cannon
and phoenix palms
a four-frog fountain remembers
the poet Pound
blessed and burdened,
a vision of the earthly paradise
locked behind blue
clouded eyes.

4.

This morning
Vagabonda III
sails us out into
the horseshoe bay.

Puccini is a province,
Liguria a personality,
pasta a saint.

Flowers are politicians
promising the earth.

Ashore
Venus in a swim suit
rides pillion on a Vespa
and the marble Virgin
retires defeated
to her stone shell.
5.

It's the lesser gods survive

rimboccarsi la gonna
e cambiarsi le scarpe
prima di prendere la salita
per Sant'Ambrogio.

Alle mie spalle
c'è sonno
risveglio
e sesso.

3.

Fra due cannoni
e palme come fenici
la fontana delle quattro rane commemora
il poeta Pound
benedetto e bastonato,
una visione del paradiso terrestre
serrata dietro ad annuvolati
occhi blu.

4.

Stamane
la *Vagabonda III*
esce veleggiando
nel ferro di cavallo del golfo.

Puccini è una provincia,
la Liguria una personalità,
la pasta una santa.

I fiori sono politici
che promettono la terra.

A riva
Venere in costume da bagno
cavalca il sedile posteriore di una Vespa
e la Vergine di marmo
si ritira sconfitta
nella sua conchiglia di pietra.
5.

Sono gli dei minori che sopravvivono

on hill-slopes
among grape and olive.
They are in the roof beams,
under floor tiles and altars;
they live in the wren's nest
and the fox's den;
they speak in the squeak of a bat
and the chatter of swallows.

The messages are simple
and ample:
obey the season
and the seasons of the blood.
Look hard.
Live as well as you can.

Author's Note—My first recollection of Rapallo is from 1972 when I lived for eight months in Menton as Katherine Mansfield Fellow. I returned in 1984, and it was then I discovered the famous *salita* and the climb up to Sant'Ambrogio and what had been Olga Rudge's house. The town figured in my novel *The Death of the Body*, published in London in 1986. My next visit was to attend the 15th biannual Ezra Pound Conference and to write a piece about it for the *London Magazine* (April/ May, 1994). It was here I met Mary de Rachewiltz and Massimo Bacigalupo for the first time. On this visit I conceived the idea for what is the only thriller I have written, *Villa Vittoria*, published in 1997. The novel begins with the unveiling of a bust of a famous American pro-fascist poet, Sterling Grant, by his former mistress. Forbidden photographs are taken of the invited guests, revealing that a corrupt banker, supposed dead, may still be alive. Grant is clearly Pound, and the banker, Roberto Calvi of the Banco Ambrosiano scandal. The "thriller" takes off from there, and becomes a love story. Names are changed, but the places are easily recognisable. The hotel Villa Vittoria from the window of which the forbidden photographs are taken is based on the Hotel Villa Cristina on the Rapallo seafront. The same hotel, given its real name, figures in the poem, somewhat derelict, one of its broken shutters "banging on" in the wind, speaking in the first person and representing a long history. *Vagabonda III* in section 4 is the Bacigalupos' sailboat, successor to *Vagabonda II* on which Pound was taken sailing from time to time by Massimo's father who was Pound's doctor. Essentially the poem speaks from the perspective of the New World. Rapallo represents Italy and the anciet culture from which the modern world has emerged, and to which we must return, in the mind or in reality, if we are to understand ourselves. What the broken shutter sees is both significant (armies marching east and west) and insignificant (the violinist—Olga Rudge in fact—hitching up her skirts). What it tells us is something we need to know.

sui declivi
fra vigne e oliveti.
Stanno nei travi del tetto,
sotto le piastrelle e gli altari;
vivono nel nido dello scricciolo
e nella tana della volpe;
parlano nello squittio del pipistrello
e nel chiacchiericcio delle rondini.

I messaggi sono semplici
e ampi:
obbedisci alla stagione
e alle stagioni del sangue.
Guarda intensamente.
Vivi meglio che puoi.

(Tr. Massimo Bacigalupo)

Nota dell'autore—I miei primi ricordi di Rapallo risalgono al 1972, quando passai
otto mesi a Mentone quale "Katherine Mansfield Fellow." Vi ritornai nel 1984, e fu
allora che scoprii la famosa "salita" e la casa che fu di Olga Rudge, a Sant'Ambrogio.
La cittadina appare nel mio romanzo *The Death of the Body*, pubblicato a Londra
nel 1986. La visita successiva fu per partecipare all 15ma International Ezra Pound
Conference e per darne un resoconto sulla *London Magazine* (aprile-maggio 1994).
In quell'occasione conobbi Mary de Rachewiltz e Massimo Bacigalupo, ed ebbi
l'idea dell'unico giallo che ho scritto, *Villa Vittoria*, che uscì nel 1997. La storia si apre
con l'inaugurazione del busto di un celebre poeta filofascista americano, Sterling
Grant, alla presenza della sua antica amante. Qualcuno di nascosto fotografa i
presenti, e così si scopre che un banchiere corrotto ritenuto defunto forse non è
morto. Grant è chiaramente Pound, e il banchiere è Roberto Calvi dello scandalo
del Banco Ambrosiano. Il "giallo" prende le mosse da qui, e diventa anche una storia
d'amore. I nomi sono cambiati, ma i luoghi sono facilmente riconoscibili. L'Hotel
Villa Vittoria dalla cui finestra sono scattate le foto proibite è basato sull'Hotel Villa
Cristina in faccia al mare. Lo stesso albergo appare nella poesia col suo vero nome:
piuttosto malconcio, con una delle imposte rotte che "sbatte" nel vento, parla in
prima persona e rappresenta la Storia. Nella sezione 4, la *Vagabonda III* è la barca
a vela dei Bacigalupo, gemella della *Vagabonda II* su cui Pound fu a volte invitato
a veleggiare dal padre di Massimo, medico curante del poeta. In sostanza la poesia
esprime la prospettiva del Nuovo Mondo. Rapallo rappresenta l'Italia e la cultura
antica da cui il mondo moderno è emerso, e alla quale dobbiamo rifarci, nello spirito
come nella realtà, se vogliamo comprendere noi stessi. Ciò che l'imposta rotta vede
è insieme significativo (eserciti che marciano verso est e ovest) e insignificante (la
violinista—Olga Rudge appunto—che si rimbocca la gonna prima di affrontare la
salita verso casa). Ciò che l'imposta ci dice è qualcosa che è ci è necessario conoscere.

ABOUT THE POETS

Maria Clelia Cardona was born in Viterbo and lives in Rome. She is the author of five novels (*Il viso in ombra* [1985], *La ricerca del Graal* [1991]; *L'altra metà del dèmone* [1998]; *Il cappello nero* [2000], *Furia di diavolo* [2008]), and of two poetry collections: *Il vino del congedo* (1994); *Da un millennio all'altro* (2004). She has also published translations of Latin and French poetry.

Luca Cesari, a professor of aesthetics at the Academy of Fine Arts of Urbino, has written on Luciano Anceschi, Giulio Carlo Argan, Antonio Banfi, Giuseppe Ungaretti and Ezra Pound. He has researched Pound's travels in Romagna: *Passava per Rimini in Giugni...Ezra Pound e il Montefeltro* (1990). He has edited *Most High Lord*, a fine edition of Pound's translation of Francis of Assisi (1993), *Gocce che contano*, poems by Mary de Rachewiltz (1994), and Pound's correspondence with editor and friend Giambattista Vicari, *Il fare aperto. Lettere 1939-1971* (2000). His most significant contribution to Pound studies is his annotated edition of the Italian writings on literature and art: *Carte italiane 1930-1944. Letteratura e arte* (2005).

Mary de Rachewiltz lives at Brunnenburg, Tirol bei Meran, Italy. She has always been of assistance and inspiration to Pound scholars, and she served many years as Curator of the Pound Archive at the Beinecke Library, Yale University. She has translated into Italian works of Ezra Pound, H. D., e.e. cummings, Robinson Jeffers, Marianne Moore, James Laughlin, Denise Levertov, and others. She is also the author of the memoir, *Ezra Pound, Father & Teacher: Discretions* (1971, 2005). Her Italian poetry has been collected in five volumes published by Vanni Scheiwiller (Milano) and Raffaelli (Rimini); her collections in English include *Selected Poems: Whose World* (1998) and *For the Wrong Reason* (2002).

Patrizia de Rachewiltz was born in the South Tyrol, Italy. Her poems have been influenced by the mountains where she grew up. She lives in Holland and has two sons. She is the author of children's books, and of three volumes of poetry in English: *My Taishan* (2007), *Dear Friends* (2008), and *Trespassing* (2011). Her translations both from and into Italian include e.e. cummings's *Fairy Tales*, Paul de Musset's *Monsieur le vent et madame la pluie*, Kenneth Grahame's *The Wind in the Willows*, Soichi Furuta's *Pierando*, Michael Lekakis' *Eros Psyche*, and Cesare Pavese's *Your Eyes* (2009).

Tony Lopez is an English poet, best known for *False Memory* (1996, 2003), a political poem composed in multiple registers of public language, and *Darwin* (2009), the latest of 25 books of poetry, fiction and criticism. He has received awards for creative work from the Wingate Foundation, the Society of Authors, the Arts and Humanities Research Council and Arts Council England. His poetry is featured in Twentieth-Century British and Irish Poetry and other anthologies. His criticism has appeared in *Meaning Performance: Essays on Poetry* (2006) and *The Poetry of W. S. Graham* (1989). In 2000 he was appointed the first Professor of Poetry at the University of Plymouth. He returned to freelance arts practice in summer 2009. His website is at http://tonylopez.org.uk

Mario Lunetta is a significant and prolific Italian avant-garde novelist, critic and poet. He is at work on *La Forma dell'Italia*, a long poem, sections of which have appeared in a book form.

Daniel Marie Mancini became conscious of his poetic vocation in his thirties, spurred and encouraged by critics and poets Paolo Valesio, Mary de Rachewiltz, Angelo Tonelli, and Vittorio Cozzoli. His poems have appeared in *Ricerca Research Recherche* (1998-2004) and other journals. He has given poetry readings in Lerici–Tellaro and Milan.

Petr Mikeš (born in 1948) studied English and Russian philology, worked in the underground/samizdat press in Czechoslovakia, and after the so-called velvet revolution of 1989 was editor and translator for publishing houses in the Czech Republic. He was a participant at the Iowa International Writing Program in 1990 and Fulbright Scholar at the University of Maine at Orono in 1994. He is the author of several books of poetry, some of them bilingual (Czech/English). His translations include works of Ezra Pound, Basil Bunting, Richard Caddel, Stephen Watts, James Joyce, Kerry Shawn Keys, Stephen Watts, Mary de Rachewiltz, Patrizia de Rachewiltz, T. E. Hulme, Carroll F. Terrell. He has translated and published three anthologies of poetry (Welsh Contemporary Poets, New England Poets, and Imagist Poets). He lives in Prague.

Biljana D. Obradović is a Serbian-American poet, translator, and Professor of English at Xavier University of Louisiana in New Orleans. Born in Bitolj (former Yugoslavia), she has lived in Greece, India, and the US. Her collections of poems include *Frozen Embraces* (1997), which won two Rastko Petrović Awards; *Le Riche Monde* (1999), nominated for a Pushcart Prize, and *Three Poets in New Orleans* (2000). Translated works include (into Serbian) John Gery's *American Ghosts: Selected Poems* (1999) and Stanley Kunitz's *The Long Boat* (2007); (into English and Serbian); *Fives: Fifty Poems by Serbian and American Poets* (2002), and (into English), Bataslav Milanovic's *Doors in a Meadow* (2011). Her work has appeared in *Poetry East, Bloomsbury Review, Prairie Schooner, Maple Leaf Rag, Književne Novine, A Millenium of Serbian Literature* and other periodicals and anthologies.

Pier Paolo Pasolini (1922-1975), poet, novelist, filmmaker, and social critic, was one of the most outstanding and controversial personalities of his generation. His novels include *The Ragazzi* (1955) and *A Violent Life* (1959). His collected poems, *Le poesie*, appeared in 1975. Selected poems and essays were translated into English by Norman MacAffe (1982), Lawrence Ferlinghetti and Francesca Valente (*Roman Poems*, 1986), and Jack Hirshman (*In Danger*, 2010). In Venice in 1967 he conducted an important RAI television interview with Ezra Pound.

Daniele Pieroni, poet and critic, was born in Pescara, Italy, 1961, and has lived in Rome since 1971. He has contributed to the literary supplement of *La Repubblica, Mercurio*, and to the cultural programs of Radio RAI. He has been coeditor of *Ritmica, Journal of Literatures*, published by *La Sapienza Rome University*. His works of poetry include *Il libro di Ilaria* (1991), *Passi esornativi e una palinodia* (1997), *Lingua e batticuore* (2003), *Orazioni* (2006), and *Distici morali* (2007). Other works are *Colombario dell'idea* (1995), *Prose* (2003), and two opera libretti: *La festa dell'Universo* (1993) and *Vittoria Colonna e Michelangelo* (2006). He has been a Writer in Residence at Monash University, Australia, a Guest Art Historian at the Academy of Fine Arts of Vienna and St. Petersburg, and an invited speaker at literary meetings throughout Canada. In 1997, he won the Erato-Farnesina Prize for his poetry.

Wayne Pounds (who holds a Ph.D. from the University of Kansas, 1976) teaches American literature at Aoyama Gakuin University in Tokyo, where he has been for twenty years. He has written on Paul Bowles, T. E. Lawrence and Murakami Haruki. In 1999-2000 he was a visiting scholar at the University of Genoa. The results of his research on Ezra Pound's Italian periodical publications are available on his website. His translation of Giano Accame's study of Pound's economics was published by flashpointmag.com.

Mario Quattrucci, a poet and narrator, was active in Italian politics for about fifty years. A new book of poetry, *Da una lingua marginale*, is forthcoming.

Stephen Romer is an English poet and literary critic. He lives in France, where he is Maître de Conference at the University of Tours. He has been three times Visiting Professor in French at Colgate University, New York. He is the editor of the Faber and Faber anthology *Twentieth-Century French Poems*, and has published four collections of poetry with Carcanet Press: Tribute (1999), *Plato's Ladder* (1999), *Idols* (1999), *Yellow Studio* (2008). A book of his selected poems in French, *Tribut*, was released in 2007.

Edoardo Sanguineti (Genoa, Italy, 1930-2010) was a major Italian poet of the post-World War II period, usually associated with the movement called "neo-avant-garde" and with the "Gruppo '63," also known as "I Novissimi." His poetry is collected in *Segnalibro: Poesie 1951-1981* (1982), *Il gatto lupesco* (2002), and the anthology *Mikrokosmos. Poesie 1951-2004*. He held the chair of Italian literature at the University of Genoa and published seminal essays on Dante and others, as well as on critical theory. A friend and collaborator of composer Luciano Berio, he wrote the libretto for Berio's *Laborintus II* (1965), in which he introduced extensive quotations from Ezra Pound's Canto 45.

Ron Smith is the author of *Running Again in Hollywood Cemetery* (1988) and *Moon Road* (2007). His poems have appeared in *The Nation, Virginia Quarterly Review, Kenyon Review, Southern Review, New England Review, Georgia Review, Shenandoah, Blackbird, Poetry Daily,* and anthologies. Smith has taught modern America poetry at Mary Washington University and poetry writing at Virginia Commonwealth University. He is currently Writer-in-Residence at St. Christopher's School in Richmond, Virginia, where he also teaches in the University of Richmond's Master of Liberal Arts Program.

C[hristian] K[arlson] Stead, b. Auckland, 1932, was one of the new New Zealand poets of the 1950s and '60s, and earned an international reputation as a literary critic, particularly with the publication of *The New Poetic, Yeats to Eliot,* for several decades a standard text on literary Modernism in British universities. He was Professor of English at the University of Auckland for twenty years, and took early retirement in 1986 to write full time. He has published thirteen collections of poetry, two of short stories, ten novels (including the Poundian thriller *Villa Vittoria* [1997]), six books of literary criticism, and a number of other edited texts. His *Collected Poems 1951-2006* appeared in 2008. He was awarded the C.B.E. in 1985 for services to New Zealand literature, elected a Fellow of the Royal Society of Literature in 1995, and awarded an Honorary Doctorate in Letters by the University of Bristol in 2001. He is married with three children and (to date) six grandchildren.

Carlo Vita, a journalist, critic and artist, met Ezra Pound on his arrival in Genoa, July 10, 1958. (See *Poesia* 229 [July 2008]—also for a photograph of the event.) "Aida" and "Asterisk" are from his collection *Illusioni ottime* (2006). Born in Verona in 1925, he lives in Lavagna (Genoa).

SUI POETI

Maria Clelia Cardona, nata a Viterbo, vive a Roma. E' presente con racconti, poesie, saggi di estetica e critica letteraria su antologie e riviste. Ha pubblicato narrativa, raccolte di poesia, traduzioni e saggi. Romanzi: *Il viso in ombra*, 1985; *La ricerca del Graal*, 1991; *L'altra metà del dèmone*, 1998; *Il cappello nero*, 2000, *Furia di diavolo*, 2008. Poesia: *Il vino del congedo*, 1994; *Da un millennio all'altro*, 2004.

Luca Cesari insegna estetica presso l'Accademia di Belle Arti di Urbino. Come saggista ha pubblicato *Passava per Rimini in Giugni...Ezra Pound e il Montefeltro* (1990). Ha curato *L'albero dell'acqua di Tonino Guerra* (1992); *Most High Lord*, versione di Ezra Pound del *Cantico delle Creature* di San Francesco d'Assisi (1993), *Gocce che contano* di Mary de Rachewiltz (1994); *Il fare aperto. Lettere 1939-1971 di Ezra Pound e Giambattista Vicari* (2000); *Carte italiane 1930-1944. Letteratura e arte di Ezra Pound* (2005).

Mary de Rachewiltz vive a Brunnenburg, Tirolo di Merano. E' stata Curatrice dell'Archivio Ezra Pound alla Beinecke Library della Yale University, e ha sempre generosamente incoraggiato gli studiosi dell'opera del padre Ezra Pound. Ha tradotto in italiano poesie di Pound, H. D., e.e. cummings, Robinson Jeffers, Marianne Moore, Denise Levertov. Il suo memoriale, *Discretions* (1971, 2005), è apparso in Italia con il titolo Discrezioni. Storia di un'educazione (1973). Ha pubblicato cinque plaquettes di poesie italiane con Vanni Scheiwiller (Milano) e Raffaelli (Rimini), e in inglese, *Selected Poems: Whose World* (1998) e *For the Wrong Reason: Poems* (2002).

Patrizia de Rachewiltz è nata nel Sud Tirolo, le Dolomiti italiane. Le sue poesie riflettono le montagne dov'è cresciuta. Vive in Olanda e ha due figli. Ha scritto e tradotto libri per l'infanzia: Favole di e.e.cummings, *Il Signor Vento e la signora Pioggia* di Paul de Musset, *Il Vento nei salici* di Kenneth Grahame, *Pierando* di Soichi Furuta, *Eros Psyche* di Michael Lekakis. Poesia: *My Taishan* (2007), *Dear Friends, Your Eyes* (da Cesare Pavese, 2009), *Trespassing* (2011).

Tony Lopez, professore di poesia alla University of Plymouth (2000 2009), è autore di *False Memory* (1996, 2003), un poema politico composto nei registri del linguaggio pubblico, e *Darwin* (2009). Ha ricevuto numerosi riconoscimenti (Wingate Foundation, Society of Authors, Arts and Humanities Research Council, Arts Council England). Saggistica: *Meaning Performance: Essays on Poetry* (2006),

The Poetry of W. S. Graham (1989). Il suo sito è http://tonylopez.org.uk

Mario Lunetta, fra gli esponenti più significativi e prolifici dell'avanguardia italiana, è poeta, narratore e critico letterario. Lavora attualmente a *La forma dell'Italia*, un poema di cui sono apparse parti in volume. Fra i suoi libri: *Roulette occidentale* (2000), *Doppia fantasia* (2003), *La notte gioca a dadi* (2008).

Daniel Marie Mancini è divenuto consapevole della propria vocazione poetica dopo i trent'anni, su sollecitazione di poeti e critici come Paolo Valesio, Mary de Rachewiltz, Angelo Tonelli, Vittorio Cozzoli. I suoi versi sono stati pubblicati su *Ricerca Research Recherche* (1998-2004) e altre riviste e volumi.

Petr Mikeš (1948) ha studiato filolofia inglese e slava, ed è stato attivo dal 1970 nella stampa clandestina dei samizdat in Cecoslovacchia; dopo la "rivoluzione di velluto" del 1989 ha lavorato come traduttore e curatore per case editrici ceche. Ha partecipato nel 1990 allo Iowa International Writing Program; nel 1994 è stato borsista Fulbright alla University of Maine a Orono. E' autore di libri di poesia, alcuni bilingui (ceco e inglese). Ha tradotto fra gli altri Ezra Pound, Basil Bunting, Richard Caddel, Stephen Watts, James Joyce, Kerry Shawn Keys, Stephen Watts, Mary de Rachewiltz, Patrizia de Rachewiltz, T. E. Hulme, Carroll F. Terrell. Ha curato e tradotto tre antologie (poeti contemporanei del Galles, poeti della nuova inghilterra, poeti imagisti). Vive a Praga.

Biljana D. Obradović, poetessa e traduttrice serbo-americana, insegna letteratura inglese alla Xavier University of Louisiana a New Orleans. Nata a Bitolj (ex Yugoslavia), ha vissuto in Grecia e in India prima di stabilirsi negli Stati Uniti. Poesia: *Frozen Embraces* (1997), *Le Riche Monde* (1999), *Three Poets in New Orleans* (2000). Traduzioni in serbo: *American Ghosts: Selected Poems* di John Gery (1999); *Fives: Fifty Poems by Serbian and American Poets* (2002); *The Long Boat* di Stanley Kunitz (2007). Dal serbo: *Doors in a Meadow* di Bataslav Milanovic (2011). Suoi testi sono apparsi in *Poetry East, Bloomsbury Review, Prairie Schooner*, Maple Leaf Rag, *Književne Novine, A Millenium of Serbian Literature*.

Pier Paolo Pasolini (1922-1975), poeta , narratore, regista e critico sociale, è stato una delle personalità italiane più significative e controverse della sua generazione. Fra i suoi romanzi: *Ragazzi di vita* (1955), *Una vita violenta* (1959). *L'opera poetica è stata raccolta nel 1975* (Le poesie). Suoi testi sono apparsi in inglese a cura di Norman MacAffe (1982), Lawrence Ferlinghetti e Francesca Valente (*Roman Poems*, 1986), Jack Hirshman (In Danger, 2010). Al 1967 risale sua notevole intervista a Ezra Pound a Venezia.

Daniele Pieroni, poeta e critico letterario, è nato a Pescara e vive a Roma. Ha collaborato alle pagine culturali di *Mercurio* (*La Repubblica*) e ai programmi della RAI. È stato co-curatore della rivista *Ritmica* dell'*Università La Sapienza di Roma*. Poesia: *Il libro di Ilaria* (1991), *Passi esornativi e una palinodia* (1997), *Lingua e batticuore* (2003), *Orazioni* (2006), *Distici morali* (2007). Prosa: *Colombario dell'idea* (1995), *Prose* (2003). Libretti d'opera: *La festa dell'Universo* (1993), *Vittoria Colonna e Michelangelo* (2006). È stato Writer in Residence alla Monash University, Australia, Guest Art Historian all'Accademia di Belle Arti di Vienna e di San Pietroburgo, e ospite di eventi letterari in Canada. Nel 1997 ha vinto il premio Erato-Farnesina per la poesia.

Wayne Pounds insegna letteratura americana alla Università Aoyama Gakuin di Tokyo. Ha scritto su Paul Bowles, T. E. Lawrence e Murakami Haruki. Nel 1999-2000 è stato professore ospite all'Università di Genova. I risultati delle sue ricerche sulgli scritti di Ezra Pound su periodici italiani sono consultabili sul suo sito. Ha tradotto parti di Ezra Pound economista di Giano Accame per flashpointmag.com.

Mario Quattrucci, poeta e narratore, ha svolto per oltre quarant'anni attività politica. Fra le sue raccolte di poesie: *Da una lingua marginale*.

Stephen Romer è poeta e critico letterario.Vive in Francia, dove è Maître de Conference all'Università di Tours. È stato tre volte Visiting Professor alla Colgate University, New York. Ha curato l'antologia *Twentieth-Century French Poems* (2002), ed è autore di quattro volumi di poesia pubblicati presso Carcanet Press: *Tribute* (1999), *Plato's Ladder* (1999), *Idols* (1999), *Yellow Studio* (2008). Una scelta delle sue poesie in traduzione francese, *Tribut*, è apparsa nel 2007.

Edoardo Sanguineti (1930-2010) è uno dei maggiori poeti del secondo Novecento italiano, di solito associato con la Neoavanguardia e il Gruppo '63 che svecchiò la cultura del dopoguerra guardando in particolare ad autori angloamericani, soprattutto Joyce, Eliot e Pound. La sua opera poetica è raccolta nei volumi *Segnalibro. Poesie 1951-1981* (1982), *Il gatto lupesco* (2002) e l'antologia *Mikrokosmos. Poesie 1951-2004*. E' stato professore ordinario di letteratura italiana all'Università di Genova. Studioso di Dante, collaborò con Luciano Berio scrivendo il libretto dell'opera di teatro musicale *Laborintus II* (1965), in cui introdusse ampi stralci del poundiano Canto 45 o dell'Usura.

Ron Smith ha pubblicato le raccolte poetiche *Running Again in Hollywood Cemetery* (1988) e *Moon Road* (2007). Sue poesie sono apparse in *The Nation*, *Virginia Quarterly Review*, *Kenyon Review*, *Southern Review*, *New England Review*, *Georgia Review*, *Shenandoah*, *Blackbird*, *Poetry Daily*, e antologie. E' Writer-in-Residence alla St. Christopher's School in Richmond, Virginia, e insegna nell'ambito del Master of Liberal Arts della University of Richmond.

C[hristian] K[arlson] **Stead**, nato ad Auckland nel 1932, è uno dei poeti neozelandesi emersi negli anni 1950-60. Si è affermato come uno dei principali critici del modernismo col libro *The New Poetic, Yeats to Eliot*, rimasto per decenni un testo di riferimento nelle università britanniche. E' stato per vent'anni professore di inglese nell'Università di Auckland, ritirandosi nel 1986 per dedicarsi a tempo pieno alla scrittura. Ha pubblicato dieci romanzi (fra cui il thriller poundiano *Villa Vittoria*, 1997), sei volumi di critica, e l'imponente *Collected Poems 1951-2006* (2008), da cui è tratta "Rapallo: un'economia". Nel 1985 è stato nominato C.B.E. per i suoi contributi alla letteratura neozelandese. Nel 1995 è stato eletto membro della Royal Society of Literature. Nel 2001 gli è stato conferito il dottorato ad honorem dall'Università di Bristol.

Carlo Vita, giornalista, critico e artista, incontrò Ezra Pound al suo arrivo dagli Stati Uniti a Genova, il 10 luglio 1958 (vedi *Poesia* 229, luglio 2008). "Aida" e "Asterisco" sono tratte dalla raccolta *Illusioni ottime* (2006). Nato a Verona nel 1925, vive a Lavagna (Genova).

TRANSLATORS/ TRADUTTORI

English into Italian/ Dall'inglese in italiano:

Massimo Bacigalupo
Mary de Rachewiltz
Patrizia de Rachewiltz
Rosella Mamoli Zorzi
Stefano Maria Casella
Caterina Ricciardi

Italian into English/ Dall'italiano in inglese:

Ben Baker
Massimo Bacigalupo
Stefano Maria Casella
John Gery
Francesca R. Gleason
Jan Owen
Caterina Ricciardi
Piero Sanavio
C.K. Stead

Czech into English/ dal ceco in inglese:

Petr Mikeš

EDITORS

Caterina Ricciardi, a professor of American Literature at the University of Roma Tre, has written extensively on American Modernism. She is the author of *ΕΙΚΟΝΕΣ. Ezra Pound e il Rinascimento* (1991), *Ezra Pound. Ghiande di Luce* (2006), and *Ezra Pound and Roma: Roma/Amor* (2009). She edited: *Ezra Pound, Idee fondamentali. Meridiano di Roma* (1939-1943) (1991), and the Italian translations of *Indiscretions; or, Une Revue de deux Mondes* (2004) and of *Horace* (2009). She has lately contributed to *Ezra Pound in Context* (2010), edited by Ira B. Nadel.

John Gery has published five volumes of poetry, including *The Enemies of Leisure* (1995), *American Ghost* (1999), *Davenport's Version* (2003), and *A Gallery of Ghosts* (2008). Other books include *Nuclear Annihilation and Contemporary American Poetry: Ways of Nothingness* (1996), *In Venice and in the Veneto with Ezra Pound* (co-author, 2007), and *Hmayeak Shems: A Poet of Pure Spirit* (with Vahe Baladouni, 2010). A Research Professor of English at the University of New Orleans, and Director of the Ezra Pound Center for Literature, Brunnenburg, Italy, he currently serves as Secretary of the Ezra Pound International Conference.

Massimo Bacigalupo is a scholar and a translator, chiefly of verse (Wordsworth, Dickinson, Wallace Stevens). He edited and translated Ezra Pound's *Canti postumi* (2002) and co-edited *Ezra Pound, Language and Persona* (2008). He is a professor of American Literature at the University of Genoa and lives in Rapallo. "Ten for Terry" was written as an homage to Carroll F. Terrell.

I CURATORI

Caterina Ricciardi è professore ordinario di Letteratura Americana all'Università di Roma Tre. Ha scritto numerosi saggi sul Modernismo americano. A Ezra Pound, in particolare, ha dedicato i volumi: *EIKONEΣ. Ezra Pound e il Rinascimento* (1991), *Ezra Pound. Ghiande di Luce* (2006), e *Ezra Pound and Roma: Roma/Amor* (2009); e la cura di *Idee fondamentali. Meridiano di Roma* (1939-1943) (1991), *Indiscrezioni; o Une Revue de deux Mondes* (2004), e del saggio *Orazio* (2009). Di recente ha contribuito a *Ezra Pound in Context* (2010) a cura di Ira B. Nadel.

John Gery ha pubblicato cinque libri di poesia, fra cui *The Enemies of Leisure* (1995), *American Ghost* (1999), *Davenport's Version* (2003) e *A Gallery of Ghosts* (2008). E' autore di *Nuclear Annihilation and Contemporary American Poetry: Ways of Nothingness* (1996), e coautore di *In Venice and in the Veneto with Ezra Pound* (2007) e *Hmayeak Shems: A Poet of Pure Spirit* (2010). E' Research Professor of English alla University of New Orleans, Direttore dell'Ezra Pound Center for Literature (Brunnenburg, Tirolo di Merano), e Segretario della Ezra Pound International Conference.

Massimo Bacigalupo è un critico e traduttore soprattutto di poesia (Wordsworth, Dickinson, Wallace Stevens). Di Ezra Pound ha curato *Omaggio a Sesto Properzio* (1984, 1997) e *Canti postumi* (2002). E' professore di letteratura anglo-americana all'Università di Genova e vive a Rapallo. "Dieci per Terry" è uno scherzoso omaggio poetico a Carroll F. Terrell, fondatore di *Paideuma*, e apparve in un numero speciale della rivista a lui dedicato (26.2-3, 1997).

ACKNOWLEDGEMENTS/ RINGRAZIAMENTI

All poems are printed by permission from the authors and/or their publishers.

Le poesie sono pubblicate per gentile concessione degli autori e dei loro editori.

Massimo Bacigalupo: "Ten for Terry" first appeared in *Paideuma* 26.2-3 (1997).

Mary de Rachewiltz: "Three Poems" (without this title) were originally published in *Ricerca Research Recherche* 7 (2001): 211-13, a review founded and edited by Cleonice Panaro (Dip. di Lingue e Letterature Straniere, University of Lecce). They are reprinted here by permission of the author.

John Gery: "First Music" is reprinted from *The Enemies of Leisure* (Brownsville, Oregon: Story Line Press, 1995) by permission from the author.

Tony Lopez: "A Path Marked with Breadcrumbs," "When You Wish...," "Look at the Screen," "On Tuesday," and "From Darwin" © Tony Lopez, 1992, 2000, 2007, 2009. Poems are reprinted by permission of the author.

Pier Paolo Pasolini: "Versi prima fatici e poi enfatici" appeared in *Trasumanar e organizzar* (1971) and is collected in *Bestemmia: tutte le poesie* (2 vols., 1999). It is reprinted and translated here by courtesy of Garzanti Editore (Milan).

Edoardo Sanguineti: "Omaggio a Catullo" (1986) was included in *Senza titolo* (1992) and collected in *Il gatto lupesco: poesie 1982-2001* (2002). It is reprinted and translated here by courtesy of Giangiacomo Feltrinelli Editore, Milan.

C.K. Stead: "Rapallo: an Economy" appeared in the author's collection *The Red Tram* (2004) and is included in *Collected Poems 1951-2006* (Auckland University Press, 2008).).

Carlo Vita: "Aida" and "Asterisk" are from the collection *Illusioni ottime* (Udine: Campanotto Editore, 2006). The English version, "Asterisk (after Carlo Vita)," appeared in *Landfall* 217 (May 2009), as part of C.K. Stead's sequence, "Liguria."

Also Available from
UNOPRESS

General Titles

Sometimes Courage Looks Like Crazy: A Journalist's Story by Kim Bondy, 978-1-60801-058-5 (2011)

Post-Katrina Brazucas: Brazilian Immigrants in New Orleans by Annie Gibson, 978-1-60801-070-7 (2011)

The Saratoga Collection, edited by Terrence Sanders, 978-1-60801-061-5 (2011)

The Garden Path: The Miseducation of a City, by Andre Perry, 978-1-60801-048-6 (2011)

Before (During) After: Louisiana Photographers Visual Reactions to Hurricane Katrina, edited by Elizabeth Kleinveld, 978-1-60801-023-3 (2010)

Beyond the Islands by Alicia Yánez Cossío, translated by Amalia Gladhart, 978-1-60801-043-1 (2010)

Writer in Residence: Memoir of a Literary Translator by Mark Spitzer, 978-1-60801-020-2 (2010)

The Fox's Window by Naoko Awa, translated by Toshiya Kamei, 978-1-60801-006-6 (2010)

Black Santa by Jamie Bernstein, 978-1-60801-022-6 (2010)

Dream-crowned (Traumgekrönt) by Rainer Maria Rilke, translated by Lorne Mook, 978-1-60801-041-7 (2010)

Voices Rising II: More Stories from the Katrina Narrative Project edited by Rebeca Antoine, 978-0-9706190-8-2 (2010)

Rowing to Sweden: Essays on Faith, Love, Politics, and Movies by Fredrick Barton, 978-1-60801-001-1 (2010)

Dogs in My Life: The New Orleans Photographs of John Tibule Mendes, 978-1-60801-005-9 (2010)

New Orleans: The Underground Guide by Michael Patrick Welch & Alison Fensterstock, 978-1-60801-019-6 (2010)

Understanding the Music Business: A Comprehensive View edited by Harmon Greenblatt & Irwin Steinberg, 978-1-60801-004-2 (2010)

The Gravedigger by Rob Magnuson Smith, 978-1-60801-010-3 (2010)

Portraits: Photographs in New Orleans 1998–2009 by Jonathan Traviesa, 978-0-9706190-5-1 (2009)

I hope it's not over, and good-by: Selected Poems of Everette Maddox by Everette Maddox, 978-1-60801-000-4 (2009)

Theoretical Killings: Essays & Accidents by Steven Church, 978-0-9706190-6-8 (2009)

Voices Rising: Stories from the Katrina Narrative Project edited by Rebeca Antoine, 978-0-9728143-6-2 (2008)

On Higher Ground: The University of New Orleans at Fifty by Dr. Robert Dupont, 978-0-9728143-5-5 (2008)

The Change Cycle Handbook by Will Lannes, 978-0-9728143-9-3 (2008)

Us Four Plus Four: Eight Russian Poets Conversing translated by Don Mager, 978-0-9706190-4-4 (2008)

The El Cholo Feeling Passes by Fredrick Barton, 978-0-9728143-2-4 (2003)

A House Divided by Fredrick Barton, 978-0-9728143-1-7 (2003)

William Christenberry: Art & Family by J. Richard Gruber, 978-0-9706190-0-6 (2000)

The Neighborhood Story Project

New Orleans in 19 Movements by Thurgood Marshall Early College High School, 978-1-60801-069-1 (2011)

The Combination by Ashley Nelson, 978-1-60801-055-4 (2010)

The House of Dance and Feathers: A Museum by Ronald W. Lewis by Rachel Breunlin & Ronald W. Lewis, 978-0-9706190-7-5 (2009)

Beyond the Bricks by Daron Crawford & Pernell Russell, 978-1-60801-016-5 (2010)

Aunt Alice Vs. Bob Marley by Kareem Kennedy, 978-1-60801-013-4 (2010)

Signed, The President by Kenneth Phillips, 978-1-60801-015-8 (2010)

Houses of Beauty: From Englishtown to the Seventh Ward by Susan Henry, 978-1-60801-014-1 (2010)

Coming Out the Door for the Ninth Ward edited by Rachel Breunlin, 978-0-9706190-9-9 (2006)

Cornerstones: Celebrating the Everyday Monuments & Gathering Places of New Orleans edited by Rachel Breunlin, 978-0-9706190-3-7 (2008)

The Engaged Writes Series

Medea and Her War Machines by Ioan Flora, translated by Adam J. Sorkin, 978-1-60801-067-7 (2011)

Together by Julius Chingono and John Eppel, 978-1-60801-049-3 (2011)

Vegetal Sex (O Sexo Vegetal) by Sergio Medeiros, translated by Raymond L.Bianchi, 978-1-60801-046-2 (2010)

*Wounded Days (Los Días Heridos) by Leticia Luna, translated by Toshiya Kamei, 978-1-60801-042-4 (2010)

When the Water Came: Evacuees of Hurricane Katrina by Cynthia Hogue & Rebecca Ross, 978-1-60801-012-7 (2010)

*A Passenger from the West by Nabile Farès, translated by Peter Thompson, 978-1-60801-008-0 (2010)

*Everybody Knows What Time It Is by Reginald Martin, 978-1-60801-011-0 (2010)

*Green Fields: Crime, Punishment, & a Boyhood Between by Bob Cowser, Jr., 978-1-60801-018-9 (2010)

*Open Correspondence: An Epistolary Dialogue by Abdelkébir Khatibi and Rita El Khayat, translated by Safoi Babana-Hampton, Valérie K. Orlando, Mary Vogl, 978-1-60801-021-9 (2010)

Gravestones (Lápidas) by Antonio Gamoneda, translated by Donald Wellman, 978-1-60801-002-8 (2009)

Hearing Your Story: Songs of History and Life for Sand Roses by Nabile Farès translated by Peter Thompson, 978-0-9728143-7-9 (2008)

The Katrina Papers: A Journal of Trauma and Recovery by Jerry W. Ward, Jr., 978-0-9728143-3-1 (2008)

Contemporary Poetry

California Redemption Values by Kevin Opstedal, 978-1-60801-066-0 (2011)

Atlanta Poets Group Anthology: The Lattice Inside by Atlanta Poets Group, 978-1-60801-064-6 (2011)

Makebelieve by Caitlin Scholl, 978-1-60801-056-1 (2011)

Dear Oxygen: New and Selected Poems by Lewis MacAdams, edited by Kevin Opstedal, 978-1-60801-059-2 (2011)

Only More So by Tony Lopez, 978-1-60801-057-8 (2011)

Enridged by Brian Richards, 978-1-60801-047-9 (2011)

A Gallery of Ghosts by John Gery, 978-0-9728143-4-8 (2008)

The Ezra Pound Center for Literature

The Poets of the Sala Capizucchi (I Poeti della Sala Capizucchi) edited by Caterina Ricciardi and John Gery, 978-1-60801-068-4 (2011)

Trespassing, by Patrizia de Rachewiltz, 978-1-60801-060-8 (2011)

*The Imagist Poem: Modern Poetry in Miniature edited by William Pratt, 978-0-9728143-8-6 (2008)

Contemporary Austrian Studies

Global Austria: Austria's Place in Europe and the World, Günter Bischof, Fritz Plasser (Eds.), Alexander Smith, Guest Editor, 978-1-60801-062-2 (2011)

From Empire to Republic: Post–World–War–I Austria Volume 19 edited by Günter Bischof, Fritz Plasser and Peter Berger, 978-1-60801-025-7 (2010)

The Schüssel Era in Austria Volume 18 edited by Günter Bischof & Fritz Plasser, 978-1-60801-009-7 (2009)

*Also available as E-book